AUSGEWÄHLTE TEXTE

Herausgegeben von
Hans Christian Meiser

MEISTER ECKHART

GOLDMANN VERLAG

Made in Germany · 1/87 · 1. Auflage

Umschlaggestaltung: Design Team München
Satz: Filmsatz Schröter GmbH, München
Druck: Presse Druck, Augsburg
Verlagsnummer: 11024
Lektorat: Sybille Terrahe
Herstellung: Gisela Ernst
ISBN 3-442-11024-6

Inhalt

Vorwort

> »Es gibt viele Leute, die das nicht begreifen, und das dünkt mich gar nicht wunderlich; denn der Mensch, der das begreifen will, muß tief abgeschieden sein und erhaben über alle irdischen Dinge.«
>
> Meister Eckhart

In seinem philosophischen Hauptwerk »Die Welt als Wille und Vorstellung« sagt Schopenhauer über Meister Eckhart, den Inbegriff eines deutschen Mystikers christlicher Prägung: »Meines Erachtens verhalten die Lehren dieser edlen christlichen Mystiker (gemeint ist neben Eckhart der zweite Mystiker der Dominikanerschule Johannes Tauler) sich zu denen des Neuen Testaments, wie zum Wein der Weingeist. Oder: Was im Neuen Testament uns wie durch Schleier und Nebel sichtbar wird, tritt in den Werken der Mystiker ohne Hülle, in voller Klarheit und Deutlichkeit entgegen.« Und selbst Martin Luther versichert in der Vorrede zu der von ihm herausgegebenen »Deutschen Theologie« (einem Werk aus dem Eckhartkreis), daß er aus keinem Buche, mit Ausnahme der Bibel und der Werke des Augustinus mehr gelernt habe, was Gott, Christus, der Mensch und alle Dinge seien.

Diese beiden Zeugnisse verdeutlichen, worum das Denken des Meister Eckhart kreist: um Gott, um Gotteserkenntnis und um die Verschmelzung mit Gott. Eckharts Gedanken freilich fußen auf großer Tradition: auf der Scholastik eines Thomas von Aquin (und damit auch auf Aristoteles und Plotin), eines Dionysios Areopagita und Johannes Scotus Eriugena, sowie auf dem begreifenden Fühlen der Vertreter früher deutscher Mystik, die in den Klöstern des 12. und 13. Jahrhunderts »lebendigste geistige Bewegung« darstellten: Bernhard von Clairvaux, Hildegard von Bingen, Mechthild von Magdeburg.

Eckhart lehrt, daß die höchste Kraft der Seele die Vernunft ist. Diese nennt er auch »Seelenburg«. Die Tätigkeit der Seele aber heißt Erkennen. Aufgrund der Wahrnehmung bildet der Verstand die Begriffe. Nun ist die Tätigkeit der·Vernunft ein Tun, ein Handeln Gottes, und damit steht die Seele zwischen Gott und Geschöpf. Gott selbst ist das reine Suin. Er erschafft die Dinge aus dem Nichts: »creatio ex nihilo«. Daher ist der Zweck des Lebens die Erkenntnis Gottes unt die Rückkehr zu ihm. Diese aber wird erst möglich durch Abgeschiedenheit, Askese (wie sie jedem Mystiker und Gottessucher zu eigen ist) und – das ist das Entscheidende in Eckharts Lehre – durch praktizierte Liebe zu den Mitmenschen. Eine Einheit von actio und contemplatio also. Diese Erkenntnis versteht Eckhart in seinen Predigten und Traktaten sprachlich so zu fassen, daß statt der wissenschaftlichen Gelehrsamkeit der scholastischen Tradition sein lebendiges Wort die Kraft besitzt, den Mönchen und Nonnen zu einer lauteren inneren Lebensführung zu verhelfen.

Gotteserkenntnis aber ist nach Eckhart schon im Diesseits möglich, und in diesem Erkennen vollendet sich der Mensch und erfährt die wahre Seligkeit.

»Eckhart weiß«, schreibt Johannes Hirschberger in seiner »Geschichte der Philosophie«, »um das Göttliche im Menschen. Er ist mit Augustinus des Glaubens, daß Gott uns näher ist als wir uns selbst. Aber Eckhart weiß ebenso um den Unterschied des Menschlichen und Göttlichen. Darum erklärt er in seiner Verteidigungsschrift: Wäre die Seele *nur* das, dann wäre sie ungeschaffen. Darin also, daß die Seele teilhat an *Gott*, liegt das Göttliche in ihr, der Seelenfunken; darin, daß sie *teilhat* und also nicht ganz göttlich ist, das Geschaffene.«

Diese Hauptgedanken finden sich sowohl in Eckharts lateinischem Hauptwerk, dem »opus tripartitum« (Dreiteiliges Werk), von dem nur einige, wenn auch sehr umfangreiche Stücke erhalten sind, darunter ein Kommentar zum Johannesevangelium, als auch in seinen deutschen Werken, den Predigten und Traktaten.

Das vorliegende Buch umfaßt Predigten, die von Eckhart verfaßt, aber nicht von ihm niedergeschrieben wurden, also nur als Nachschrift vorhanden sind, Sprüche und die Traktate »Reden der Unterweisung« (oft auch: »Unterscheidung«) und das »Buch der göttli-

chen Tröstung«, welches Eckhart der Königin Agnes von Ungarn widmete.
Die Bulle des Papstes Johannes XXII., die zwei Jahre nach Eckharts Tod 28 seiner Thesen verurteilte, beschließt diesen Band der »Ausgewählten Texte«. Da Eckhart schon zu Lebzeiten teils von den Franziskanern, teils von Mitbrüdern aus dem eigenen Orden in seiner Lehre bedroht war, schrieb er in seiner Verteidigungsschrift:
»Alles, was in meinen Schriften und Worten falsch ist ohne mein besseres Wissen: allezeit bin ich bereit, dem besseren Sinn zu weichen ... Denn irren kann ich, aber ein Ketzer sein, nein, das kann ich nicht; denn das erste geht den Intellekt an, das zweite aber den Willen.«
Ob Ketzer oder nicht, Meister Eckhart bleibt die zentrale Gestalt scholastischer Mystik. Ohne ihn wären das Denken des Nikolaus von Kues, des Angelus Silesius, das Denken Schellings und Schopenhauers um vieles ärmer. Und auch unser 20. Jahrhundert: Denn Meister Eckhart lehrt, wie es möglich ist, trotz tausendfacher Ereignisse und Erscheinungen, mit denen uns das tägliche Leben überflutet, das Zeitlos-Kosmische in uns zu erleben und aus uns heraus zu leben. Und dieses ist wichtig, heute mehr denn je.

Der Herausgeber

PREDIGTEN

Der Vater aller Kreatur

Haec dicit dominus: honora patrem tuum etc. (Mt. 15, 4). Das Wort, das ich gesprochen habe auf latein, das steht geschrieben in dem Evangelio, und unser Herr spricht es, und es heißt auf deutsch: Du sollst ehren Vater und Mutter! Und ein ander Gebot spricht Gott unser Herr: Du sollst deines Nächsten Gut nicht begehren, weder Haus noch Hof, noch irgend etwas vom Seinigen! Das dritte Stück ist, daß das Volk ging zu Moses und sprach: »Rede du mit uns, denn wir können Gott nicht vernehmen.« Das vierte ist, daß unser Herr Gott sprach: »Moses, du sollst mir machen einen Altar von der Erde und in der Erde, und alles, was darauf geopfert wird, das sollst du alles verbrennen.« Das fünfte ist: Moses trat in den Nebel und ging auf den Berg, da fand er Gott; in der Düsternis fand er das wahre Licht.

Es spricht mein Herr Sankt Augustinus: »Wo das Lamm auf den Grund kommt, darin schwimmt der Ochs oder die Kuh, und wo die Kuh schwimmt, darin versinkt der Elefant, und es geht ihm über sein Haupt.« Das ist gar ein schöner Sinn, man mag wohl gar viel daraus ziehen. Es will Sankt Augustinus sagen, daß die Schrift sei ein tiefes Meer. Das kleine Lämmlein bedeutet den demütigen einfältigen Menschen, der die

Schrift ergründen kann. Aber unter dem Ochsen, der da schwimmt, verstehen wir grobsinnige Leute: ein jeglicher nimmt daraus nach seinem Behagen. Aber unter dem Elefanten, der da am tiefsten sinkt, darunter sollen wir verstehen die gescheiten Leute, die die Schrift durchgraben und darin versinken. Ich erstaune, wie die Heilige Schrift so reich ist, und die Meister sagen, daß man sie auf ihren reinsten Sinn nicht deuten könne, und sie sagen, daß man das Schwere, das darinnen sei, auftun solle, daß man aber dazu des Gleichnisses bedürfe. Dem ersten ging es an den Knöchel, dem andern ging es an die Knie, dem dritten ging es an seinen Gürtel, dem vierten ging es über sein Haupt, und er versank gänzlich.

Was ist nun damit gemeint? Es sagt Sankt Augustinus: Die Schrift lacht anfangs junge Kinder an und lockt das Kind an sich, und am Ende, wenn man sie ergründen will, da spottet sie weiser Leute. Es ist keiner so einfältig von Sinne, er findet darin, soviel er eben begreift; und es ist keiner, der sie ergründen will, so weise, daß er mehr und Tieferes darin fände. Was immer wir hierüber hören mögen, und was immer man uns sagen möge – in der Schrift hat alles einen anderen verborgenen Sinn. Denn alles, was wir davon verstehen, kommt *dem* nicht gleich, was ihr eigentlicher Sinn ist, und dem, was *Gott* meint – schier, als wär es gar nichts wert.

Nun nehmen wir unser Wort wieder auf: »Du sollst ehren Vater und Mutter!« Im gemeinen Sinne meint es Vater und Mutter, daß man die ehren solle; ebenso alle, die geistliche Gewalt haben, soll man ehren und soll ihnen Hilfe angedeihen lassen; endlich auch die, von denen du hast alles vergängliche Gut. Soweit kann man »waten und ergründen«; aber es ist gar Kleines, was wir von jenen haben. Es sprach eine Frau: »Und muß man die ehren, von denen man äußerliches Gut hat, wieviel mehr die, von denen man alles hat.« Zum andern Male: Du sollst ehren deinen Vater, das ist deinen himmlischen Vater, von dem du dein Wesen hast. Wer ehrt den Vater? Das tut niemand denn der Sohn: der allein ehrt ihn. Doch auch den Sohn ehrt niemand denn der Vater allein. Alles des Vaters Lust und sein Kosen und sein Anlachen, das ist allein im Sohne. Außer dem Sohne kennt der Vater nichts. Er hat so große Lust im Sohne, daß er anderes nicht bedarf als zu gebären seinen Sohn, der ja ein vollkommenes Gleichnis und ein vollkommen Bild des Vaters ist.

Es sprechen unsere Meister: Alles was da erkannt wird oder geboren wird, das ist ein Bild. Sie sagen: Soll der Vater seinen Sohn gebären, so wie es ewiglich ist gewesen in ihm, das ist seine ihm innewohnende Form. Es ist eine Forderung der (menschlichen) Natur und dünkt mich doch gar unbillig, daß man Gott mit Gleichnissen beweisen muß, mit dem oder jenem. Und er ist doch weder dies noch das. Denn es ist dem Vater an nichts genug, er ziehe sich denn wieder in den Ursprung, in das Innerste, in den Grund und Kern der Vaterheit, wo er ewiglich ist inne gewesen, in sich selber kraft der Vaterschaft, und wo er genießt seiner selbst als der Vater, der Vater seiner selbst in dem

Einig-Einen. Hier sind alle Grashalme und Holz und Stein und alle Dinge eins. Dies ist das Allerbeste, ja ich habe mich in diesen Gedanken ganz vertört. Was die Natur nur irgend hervorbringen kann, das hegt sie schon in Gott, stürzt es in seine Vaterschaft, damit sie eins sei und ein Sohn sei und allem übrigen entwachse und nur in der Vaterschaft sei und eine Einheit werde, daß sie doch Gleichnis sei des Einen. Die Natur, die von Gott ist, die sucht nicht, was außer ihr ist; ja die Natur, die da in sich beharrt, vollbringt völlig anderes als die Natur, die von Gott ist: sie sucht nichts anderes denn Gottes Gleichnis.

Ich dachte in dieser Nacht, daß alles Gleichnis sei ein Vorwerk. Ich kann kein Ding sehen, es sei denn mir gleich, noch vermag ich ein Ding zu erkennen, es sei denn mir gleich. Gott hat alle Dinge verborgentlich in sich selber, aber nicht etwa dies und das nach seiner Verschiedenheit, sondern als Eines gemäß seiner Einheit. Das Auge hat auch Farbe in sich: das Auge empfängt die Farbe, das Ohr empfängt sie nicht. Das Ohr empfängt das Getöne und die Zunge den Geschmack. Jeder Sinn empfängt das, mit dem er eins ist. Das Urbild der Dinge hat in der Seele und in Gott das gleiche Wesen: da wir Söhne sind. Und wäre es, daß ich weder Augen noch Ohren hätte, so hätte ich dennoch *Wesen*. Wer mir mein Auge nähme, der nähme mir darum doch mein Wesen nicht noch mein Leben, denn das Leben ist am Herzen gelegen. Wenn einer mich in das Auge wollte schlagen, so würfe ich die Hand vor, daß sie den Schlag empfinge. Wenn mich aber einer in das Herze wollte schlagen, ich böte den ganzen Leib auf, um dies Herz zu behüten. Wenn einer mir das Haupt wollte abschlagen, ich würfe sogleich den Arm davor, darum, daß ich mein Leben und mein Wesen behielte.

Ich habe des öftern gesagt: »Die Schale muß zerbrechen, und das, was darin ist, muß herauskommen: denn willst du den Kern haben, so mußt du die Schale zerbrechen.« Und ebenso: Willst du die Natur rein ergründen, so müssen die Gleichnisse alle zerbrechen. Je mehr sie aus dem Gleichnis heraustritt, je näher kommt sie dem Wesen. Wenn die Seele das eine findet, darin alles eins ist, so verharrte sie bei diesem Einigen.

Wer ehrt Gott? Der Gottes Ehre meint in allen Dingen.

Vor manchen Jahren, da war ich noch nicht; nicht lange darnach, da aß mein Vater und meine Mutter Fleisch und Brot und Kraut, das im Garten wuchs, und davon ward ich ein Mensch. Das wirkte weder Vater noch Mutter, sondern Gott machte meinen Leib ohne Mittel und schuf meine Seele nach dem Höchsten. In diesem erst besaß ich mein Leben. Dem Roggenkorn liegt es in seiner Natur, daß es Weizen werden kann. Darum ruht es nicht, es komme denn in diese Natur. Das Weizenkorn hat es in der Natur, daß es alle Dinge werden kann, darum trägt es und gibt sich in den Tod, auf daß es alle Dinge werde. Und das Erz, das Kupfer hat es in seiner Natur, daß es Gold werden kann, darum ruht es nimmer, es komme denn in diese Natur. Dem Holz liegt es in der Natur, ein Stein zu werden; ich sage noch mehr, es mag wohl alle Dinge werden, es löst sich in

Feuer und läßt sich verbrennen, auf daß es in Feuers Natur verwandelt werde, und es wird eins dem einen, und es hat ein ewiglich Wesen. Ja, Holz und Stein und Bein und alle Gräslein, die haben allesamt ein Trachten in der Erstigkeit. Ist es aber bei diesen Naturen so, was tut dann die Natur, die da bloß ist in sich selber und weder dies noch das sucht? Sie entwächst allem andern und eilt nur nach der ersten Lauterkeit.

Ich dachte in dieser Nacht, daß der Himmel gar viele sind. Nun gibt es etliche ungläubige Menschen, die es nicht glauben, daß das Brot auf dem Altar gewandelt möge werden, daß Gott so etwas vermöge. Und hat Gott der Natur *das* gegeben, daß sie alle Dinge werden kann, um so vielmehr ist das Gott möglich, daß das Brot auf dem Altar sein Leib werden möge. Und tut dies schon die kranke Natur, daß sie aus einem Blättlein mag einen Menschen machen, so ist es Gott viel leichter, daß er aus Brot möge machen seinen Leib. Wer ehrt Gott? Der Gottes Ehre meint in allen Dingen. Dieser Sinn ist noch offenbarer, obzwar der erste besser wäre.

Der vierte Sinn: »Sie stunden ſerne und sprachen zu Moses: Moses, sprich du zu uns, wir können Gott nicht vernehmen.« Sie stunden ferne, und das war die Ursache, warum sie Gott nicht vernehmen konnten.

»Moses trat in den Nebel und ging hin auf den Berg, und da sah er das göttliche Licht.« Eigentlich findet man in der Finsternis das Licht; also wenn man Leiden hat und Ungemach, so ist uns dieses Licht am allernächsten. Gott tue sein Bestes oder sein Arges dazu, er muß uns sich selber geben, es sei in Mühe oder Ungemach. Es war eine heilige Frau, die hatte viele Söhne, die wollte man verderben. Da lachte sie und sprach: »Ihr sollt euch nicht betrüben und sollt fröhlich sein, und gedenket an euren himmlischen Vater; denn ihr habt gar nichts von mir.« Ganz als ob sie sprechen wollte: Ihr habt euer Wesen unmittelbar von Gott. Und das kommt uns wohl zu. Unser Herr sprach: »Deine Finsternis (das ist dein Leiden) soll gewandelt werden in klar Licht.« Aber ich soll es nicht meinen noch begehren. Es sprach ein Meister an einer andern Stelle: Die verborgene Finsternis des unsichtbaren Lichtes der ewigen Gottheit ist unerkannt und wird auch nimmer erkannt. Und das Licht des ewigen Vaters hat in diese Finsternis ewiglich geschienen, und diese Finsternis begreift des Lichtes nicht. Nun, daß wir zu diesem Lichte kommen, des helf uns Gott. Amen.

Von der wahren Armut

»Er war geliebt von Gott und den Menschen, dessen wir nun gedenken, und ist gebenedeit und in Gott geheiligt in der Klarheit der Heiligen« (Eccles. 45, 1). Solche Worte liest man heute von meinem lieben Herrn Sankt Franziskus, und der wird hier gelobt um zweier Dinge willen, und wer die hat, der ist ein großer Mensch.

Das eine ist wahre Armut. Man liest von ihm, daß er einst dahinging mit seinen Gefährten, da begegnete ihnen ein armer Mensch. Da sprach er zu seinen Gefährten: Nun hat uns dieser Mensch beschämt und Schmach angetan, daß er ärmer ist als wir. Dieses Wortes habet acht, daß er darum sich beschämt fühlte, weil er einen antraf, der ärmer war als er. Ich pflegte zuweilen ein Wort zu sprechen, und das ist wahrlich wahr: Wer da in Wahrheit liebt Armut, der braucht sie so sehr, daß er keinem es vergönnt, daß er weniger habe als er. Und so ist es mit allen Dingen, es sei Reinheit, es sei Gerechtigkeit, es sei welche Tugend immer ein solcher liebe, und der will er's zum Höchsten bringen, er will immer den höchsten Grad innehaben, den man haben kann in der Zeitlichkeit, und er will's nicht leiden, daß noch etwas über ihm sei, er will immer die höchste Höhe innehaben. Die Liebe hat kein

Genügen, solange noch etwas da ist, das man tiefer lieben kann. Dieser Heilige liebte Armut alsosehr, daß er es nicht leiden mochte, daß einer ärmer wäre als er. Je ärmer der Mensch ist im Geiste, je mehr ist er abgeschieden und achtet er für nichts alle Dinge; je ärmer im Geiste er ist, um so mehr sind alle Dinge sein eigen.

Die andere Tugend, die den Menschen groß macht, das ist wahre Demut. Sie hatte dieser Heilige in vollkommener Weise und ein Verachten und Verwerfen seiner selbst. Diese Tugend macht den Menschen am allergrößten; wer diese am allertiefsten und vollkommensten innehat, der hat die Möglichkeit, alle Vollkommenheit an sich zu nehmen.

»Er war geliebt«, sagt die Schrift, »von Gott und den Menschen.« Nun will ich euch gar gute Kunde sagen – wenn einer sie versteht, so ist es ein tröstlich Ding um sie. Der Mensch, der Gott liebt, der wird von allen Heiligen und allen Engeln so über die Maßen geliebt, daß all die Liebe, die man erdenken kann, dieser Liebe nicht gleichkommt und ein Nichts ist gegen sie. Alle, die im Himmelreich sind, die lieben mich so sehr (wenn ich Gott liebe) – was man immer an Liebe ausdenken mag, das ist ein ungleich Ding, und was und wie ihr auch meinet: ich bin geliebt von der ganzen Schar der Engel, die unzählig ist.

Ich bin neulich gefraget worden, wie das sein könne, daß der Engel mehr sind denn aller körperlichen Dinge Zahl, die gerade so groß ist als es eben viel an Korn und Gras und Dingen gibt. So sag' ich denn: Die

Dinge müssen groß sein, darinnen Gott sich offenbart und die Gott in sich zu eigen hat und die Gott nahe sind. Die Meister sagen (und sie wollen doch das Rechte sagen), daß ein jeglicher Engel eine besondere Natur habe und in seiner Besonderheit die ganze Natur in sich aufnehme. In gleicher Weise wäre auch ich – wenn ich als Mensch aller Menschen Natur in mir hätte: Stärke, Weisheit, Schönheit und alles, was den Menschen insgesamt eigen ist – gar ein schöner Mensch, und gäbe es keinen andern Menschen als mich, so empfinge ich, was alle Menschen zusammen empfangen.

Ein jeglicher Engel hat seine besondere Natur: Je näher er Gott ist, je edler ist er und hat von Gott soviel in sich gefaßt, als er seiner empfänglich ist. Und diese Schar liebt mich, und alle, die Gott lieben, lieben auch mich, und niemand haßt mich, denn die Gottes Feinde sind. Wer es auch sei – dadurch, daß er mich haßt, wird er Gottes Feind und Gott sein Widersacher. Aber ist auch Gott sein Feind – Gott sieht es ihm nach, warum sollte nicht auch ich es ihm nachsehen? Und rächt mich Gott, was kümmert *mich* die Rache?

Nun sagt ihr vielleicht: Böse Menschen haben es gar gut, sie haben ihren Willen mehr als andere Leute. Salomon spricht: Der böse Mensch soll nicht sagen: was schadet's mir, wenn ich übel tue – es tut mir doch nicht weh? Oder wer täte mir darum übel? Eben dies, daß du übel tust, das ist dein Schaden zugleich und ist dir Weh genug. Des seid gewiß, bei der ewigen Wahrheit – es ist ein also großer Zorn Gottes, daß er dem

Sünder nicht weher zu tun vermöchte, weder mit der Hölle noch sonstwie, als er es damit tut, daß er es geschehen läßt und über ihn verhängt, Sünde zu tun, und daß er nicht solches Leid über die Menschen schickt, daß er gar nicht sündigen möchte. Und gäbe Gott ihm das Weh der ganzen Welt, es könnte ihn dennoch Gott nicht ärger schlagen, als er damit geschlagen ist, daß er sündigt. Er war Gott gefällig und geliebt, sein Andenken sei gepriesen und gesegnet! Dieses Wort ward ursprünglich gebraucht von *Moses*, und dieser Name bedeutet soviel als einer, der von dem Wasser genommen ist. Das Wasser bedeutet vergängliche Dinge. Der Mensch allein ist Gott gefällig, der von allen vergänglichen Dingen abgeschieden und hinweggenommen ist. Der Mensch, der am allerabgeschiedensten ist und aller vergänglichen Dinge allermeist vergißt, der ist Gott am allergefälligsten, und ihm ist Gott am allernächsten.

Nun magst du sagen: Wie kann ich's dahin bringen, daß ich um Gottes willen alle Welt verachte? Ich sage: Der hätte weit mehr getan, der sich aller Dinge überheben und begeben möchte. König David spricht: »Tochter, vergiß deines Volkes und des Hauses deines Vaters, so wird der König begehren deiner Schöne.« Als wollt er sagen: Der König wird von Minne ganz vertört und unsinnig nach dir. Was Gottes Minne in uns wirkt und was an Herrlichkeit wir davon empfangen, daß Gott uns minnet, darüber sprach ich in einem andern Sermon und Predigt. Auf die Worte (»vergiß deines Volkes und des Hauses deines Vaters«) merket wohl! Warum ist mir mein Vater lieber denn ein andrer Mann? Darum, weil er mein Vater ist. Und mein Oheim, weil er mein Oheim ist. Und alles, was mein ist, darum, weil es mein ist. Des Meinen soll ich vergessen in allen Dingen: das will das Wort besagen. Der Prophet sagt: deines Vaters Haus. So sagte ich neulich: Könnte der Mensch dahin kommen, über sich hinaus und aus sich heraus, so hätt' er wohlgestritten. Vergiß des Deinen, so gewinnst du die Tugend.

Die Tugend hat vielerlei Grade. Im ersten bricht sie Bahn und bereitet dem Menschen ein Loskommen von allen vergänglichen Dingen. Im andern benimmt sie dem Menschen alles zumal. Im dritten benimmt sie nicht allein, noch mehr: sie bewirkt ein gänzliches Vergessen aller Dinge, als wären sie gar nicht, und so muß es auch sein. Im vierten ist sie ganz in Gott und ist Gott selber. Wenn wir *dazu* kommen, so wird der König begehren unsre Herrlichkeit.

Er spricht weiter: »Denn er ist der Herr dein Gott, und sie werden ihn ehren und anbeten.« Dann ist unser Herr dein Gott, wenn er so wahr und so gewaltig ist in dir, wie er in sich selber ist. Ja gedenke: So du nur willst, wird er dein! Wie wird er nun dein? Wenn du ganz sein bist. Soll Gott so *mein* sein, als er *sein* ist, so muß ich *sein* sein, wie ich *mein* bin. Es heißt in einer Schrift: »Wann ist Gott dein? Wenn dich nach nichts gelüstet, so genießest du ihn; begehrt du aber etwas, das dich irgendwohin von ihm ablockt, so ist er dein Gott nicht.« An einer andern Stelle heißt es: »Liebst du einen Menschen mehr als den andern, es sei denn du liebst ihn um der Tugend willen, da bist du dein, und da ist Gott dein Gott nicht.«

Weiter spricht der Prophet: »Dann werden sie ihn anbeten und werden ihm Gaben bringen und geben alle Geschlechter und Könige der Erde.« Und ebenso ist das Wort berichtet: Er war von Gott geliebt und den Menschen wohlgefällig, und ihm ward Benedeiung von allen. Wenn die Verheißung sagt »alles«, so ist nichts ausgeschlossen. Was immer sie haben, die im Himmelreich und auf dem Erdreich sind, das ist mir so eigen als ihnen und ich bin von dem, was unsere liebe Frau hat, so selig wie von dem, was ich selber habe – und auch ihre Größe und Tugend, davon bin ich so selig, als hätte ich selber sie gewirkt.

Nun mag man sagen: Eja, sind alle Dinge mein und gebrauche ich ihrer wie jene (die Heiligen), was soll ich dann so sehr mich abmühen und abgeschieden sein? Ich will einen guten Willen haben und ein guter Mensch sein und meiner Ruhe pflegen und will so guten Teil im Himmel haben, als die darum sich mühen. Da sag' ich denn: Um soviel abgeschiedener du bist, um soviel hast du mehr. *Willst* du aber, daß dir dies werden soll, und hast ein *Sehen* darauf, so wird dir nichts. Um soviel ich meiner selbst mich begebe, um soviel mehr empfange ich. Und noch ein ander Wort ist zu bedenken: daß ich meinen Nebenmenschen liebe wie mich selbst; denn wer Gott von Herzen liebt, der liebt seinen Nebenmenschen wie sich selber. Darum steht geschrieben *tamquam*, das ist: gerade und ebenso wie mich. Warum ist es mir lieber, daß meinem Bruder etwas Gutes geschehe oder mir selber denn einem andern? Darum, weil ich das Meinige mehr liebe denn Fremdes. Ich soll ihn aber lieben gleich als mich, wie ja das Gebot Gottes heißt, daß ich lieben soll von allem Herzen, von aller meiner Seele wie mich selber – bei Gott soll sie anfangen und gleich sein bei dem Nächsten. Gehe ich völlig aus mir selber aus und liebe ebenso völlig, so liebe ich ganz und trete der Liebe Wesen an. Das ist nicht so bei den körperlichen Dingen, sie unterscheiden sich darin von den geistigen, ja sie sind in nichts sich gleich.

Nehmet ein Gleichnis. Das Wasser, das in einem Fasse ist, das ist nicht in dem Holze, das Holz ist aber um das Wasser; das Holz ist auch nicht in dem Wasser, ihrer keines ist im andern, und das Wasser, das in dem Fasse ist, das ist abgeschieden von allen Wassern. Aber in geistigen Dingen, da gibt es kein Ausscheiden des einen vom andern. Alles, was der oberste Engel in sich hat, das hat auch, der unter ihm ist, allzugleich in sich geschlossen, so daß der oberste nicht eines Punktes groß hat, es sei denn in dem niedersten, weder Wesen noch Seligkeit. Also ist es in geistigen Dingen, daß, was in einem ist, auch dem andern gemein ist. Und darum: der allermeist *hat*, der *liebt* auch allermeist. Sännen aber die Menschen noch auf sich oder des Ihrigen etwas, so hätten sie nichts gelassen, so wie ich von Sankt Peter sage, daß er sprach, *Ecce, nos reliquimus omnia:* Sieh, Herr, wir haben alle Dinge gelassen, was wird uns dafür? Der darauf gesehen hat, was ihm dafür würde, wie mag der alle Dinge gelassen haben?

Höret noch ein Wort und dann keines mehr. Je allgemeiner ein Ding ist, um so edler und wertvoller ist es. Ich habe das Leben gemein mit den Dingen, die da leben, das Wesen mit den Dingen, die da Wesen haben; ich habe die Sinne mit den Tieren gemein; ich ließe mir nun eher meinen Sinn nehmen denn mein Leben. Das Wesen aber ist mir am allerliebsten; es ist mir das allergemeinsamste und allerinwendigste: eher wollte ich alle Dinge lassen, die unter Gott sind. Das Wesen fließt ohne Mittel aus Gott, und das Leben fließt von dem Wesen, und darum ist es mir das Köstlichste und ist aller Kreaturen Allerliebstes. Je gemeiner unser Leben ist, je besser und edler es ist. Daß wir hierzu kommen, daß wir Gott gefällig werden und in wahrer Armut übergeben all die Welt und vergessen des Hauses unseres Vaters und unsern Nächsten lieben wie uns selber, daß uns gegeben werde gleiche Klarheit mit den Heiligen, des helf uns Gott! Amen.

Wie der Gerechte liebt

Es spricht unser Herr: »Minnet euch untereinander, wie ich euch ewiglich geminnet habe; und wie mich mein Vater ewiglich geminnet hat, so habe ich euch geminnet; haltet ihr mein Gebot, so bleibet ihr in meiner Minne.« Alle Gebote Gottes stammen aus der Minne und der Güte seiner Natur; denn stammten sie nicht aus Minne, so könnten sie nicht Gottes Gebot sein; denn Gottes Gebot ist die Güte seiner Natur, und seine Natur ist seine Güte in seinem Gebote. Wer nun wohnt in der Minne, der wohnt in der Güte seiner Natur, und der wohnt in Gottes Minne, und Minne hat kein Warum. Hätte ich einen Freund und minnte ich ihn darum, daß mir Gutes von ihm geschehe und alles, was ich will, so minnte ich meinen Freund nicht, sondern mich selber. Ich soll meinen Freund minnen um seiner eigenen Güte und um seiner eigenen Trefflichkeit und um alles dessentwillen, was er in sich selber ist: Denn so minne ich meinen Freund wahrhaft, wenn ich ihn also minne, wie ich es eben gesagt. Und so ist es mit dem Menschen, der da steht in *Gottes* Minne, der nicht das *Seinige* sucht, nicht an Gott noch an sich selber noch an irgendwelchen Dingen, und der Gott minnet allein und seiner Güte und der Güte seiner Natur und um alles dessentwillen, was er in sich selber ist, und das ist die wahre Minne. Minne zum Guten ist eine Blume und ein Gezierde alles Guten, ja eine Mutter aller Tugend und aller Vollkommenheit und aller Seligkeit, denn sie ist Gott, und Gott ist eine Frucht des guten Menschen, und diese Frucht bleibt dem Menschen. Der Mensch, der da sich mühte um eine Frucht, und die Frucht verbliebe ihm, so wäre ihm das gar wonnig. Und wäre ein Mann, der einen Weinberg hätte oder einen Acker, und überließ er den seinem Knechte, daß er ihn bestelle und daß doch die Frucht ihm selber verbliebe, so wäre ihm das, und hätte er dem Knecht auch alles, was er zu seinem Werke gebraucht, gegeben, doch gar eine große Freude, daß die Frucht zur Zehrung *ihm* verblieb. Also ist dem Menschen gar wonnig, der da wohnt in der Frucht seiner Tugend; denn er spart sich Verdruß und Verstrickung, weil er sich selber gelassen hat und alle Dinge.

Vom Verlassen seiner selbst

Unser Herr spricht: »Wer etwas verläßt um meinetwillen und in meinem Namen, dem will ich es hundertfältig wiedergeben und dazu das ewige Leben.« Verlässest du's aber um des Hundertfältigen und um des ewigen Lebens willen, so hast du nichts verlassen. Ja, verlässest du um tausendfältigen Lohn, so hast du nichts verlassen. Du mußt dich selbst verlassen und ganz verlassen, so hast du recht verlassen. Es kam einmal ein Mensch zu mir (das ist noch nicht lange) und sagte, er habe große Dinge verlassen, Grundbesitz und Güter, um deswillen, daß er seine Seele behielte. Da dachte ich: Eja, wie Weniges und Kleines hast du verlassen! Es ist eine Blindheit und eine Torheit, solange dir das etwas bedeutet, was du verlassen hast. Hast du dich selber verlassen, so war es ein rechtes Verlassen.

Der Mensch, der sich selber verlassen hat, der ist so lauter, daß ihn die Welt nicht leiden mag, wie ich hier vor nicht langer Zeit gesagt habe. Wer da minnet die Gerechtigkeit, dessen bemächtigt sich die Gerechtigkeit, und er wird ergriffen von der Gerechtigkeit, und er ist eins mit der Gerechtigkeit. Ich schrieb einst in mein Buch: Der gerechte Mensch dient weder Gott noch den Kreaturen, denn er ist frei; und je näher er der

Gerechtigkeit ist, je näher ist er der Freiheit und je mehr ist er die Freiheit selber. Alles, was geschaffen ist, das ist nicht frei. Solange irgend etwas über mir ist, das nicht Gott selber ist, das drückt mich, wie klein auch oder welcher Art es sei – und wäre es auch Vernunft und Minne: sofern sie geschaffen und nicht Gott selber ist, bedrückt es mich, denn es ist unfrei. Der ungerechte Mensch dient der Unwahrheit, es sei ihm lieb oder leid, und dient aller Welt und allen Kreaturen und ist ein Knecht der Sünde.

Es gibt etwas, was über dem geschaffenen Anteil der Seele ist, daran keine Geschaffenheit rührt, wo es keine Wahrheit gibt und wohinein kein Engel kommt – ist er auch lauter von Art und breiten Wirkens, er steht doch in Zeit und Raum. Dies Etwas ist Sippschaft göttlicher Art, es ist in selber Eines (Einheit), es hat mit gar nichts irgend etwas gemein. Es ist Eines und so unnennbar, daß es keinen Namen hat, und ist mehr unbekannt als bekannt. Könntest du einen Augenblick dich selber vernichten, ja ich sage noch kürzer als einen Augenblick, *so wäre dir alles eigen, was es in sich selber* ist. Solang du noch zuallermeist von dir selber eingenommen bist, weißt du sowenig, was Gott ist, als mein Mund weiß, was Farbe ist, und mein Auge, was Geschmack ist – ja, sowenig weißt du und ist dir bekannt, was Gott ist.

Nun spricht auch Platon, indem er von großen Dingen anhebt zu reden, von einer Lauterkeit – die ist nicht in der Welt, nicht *in* der Welt noch außerhalb, von etwas, was weder in Zeit noch Ewigkeit ist, was kein Außen und kein Innen hat. Gott der ewige Vater – die Fülle und den Abgrund seiner ganzen Gottheit gebiert er hier in seinem eingebornen Sohne, auf daß wir derselbe Sohn seien. Und sein Gebären ist sein Innebleiben, und sein Innebleiben ist sein Ausgebären. *Es bleibt alles das eine, das in sich selber Quellende. Ego* – das Wort Ich ist niemand eigen denn Gott allein in seiner Einheit. *Vos* – das Wort besagt soviel als daß ihr Eines seid in der Einheit. So ist es: Das Wort *Ego* und *Vos,* Ich und Ihr, das meinet die Einheit. Daß wir diese Einheit *seien* und die Einheit ewig *bleiben,* dazu helf uns Gott! Amen.

Hasse deine Seele

Qui odit animam suam in hoc mundo. Da habe ich ein Wort gesprochen, auf latein, das spricht unser Herr im Evangelium: Wer seine Seele haßt in der Welt, der bewahrt sie für das ewige Leben. Nun habet bei diesen Worten acht, was unser Herr meinte, als er sprach, man soll die Seele hassen. Wer seine Seele liebt in diesem vergänglichen Leben und wie sie in dieser Welt ist, der verliert sie im ewigen Leben. Wer sie aber haßt in ihrer Vergänglichkeit jetzt in dieser Welt, der behütet sie fürs ewige Leben.

Zwei Gründe sind es, warum er sprach »Seele«. Es spricht ein Meister: »Das Wort Seele bezeichnet nicht den Grund und die innerste Natur der Seele.« Ein anderer Meister spricht: »Wer da schreibt von beweglichen Dingen, der berührt nicht noch begreift er die Natur und den Grund der Seele.« Wer die Seele in ihrer Einfachheit, Lauterkeit und Bloßheit, so wie sie an sich selber ist, bezeichnen will, der kann keinen Namen für sie finden. Jene sprechen einfach ihr »Seele«, wie wenn einer »Zimmermann« sagt – der nennt ihn nicht Seele noch Mensch noch Heinrich noch bei seinem eigentlichen Wesen, vielmehr nach seinem eigentlichen Werk. Unser Herr will sagen: Wer die Seele liebt in ihrer Lauterkeit, die der Seele einfache Natur ausmacht, der

haßt sie und ist ihr feind in diesem (vergänglichen) Kleide. Das haßt sie selbst und hat Leid darum und Traurigkeit, daß sie so ferne steht dem lauteren Lichte, das sie doch an sich ist. Unsere Meister sagen, die Seele heiße ein Feuer wegen ihrer Kraft, ihrer Hitze, ihres Glanzes. Ein anderer spricht, sie sei ein Fünklein himmlischer Natur, und wieder einer, sie sei ein Licht, und ein anderer wieder, sie sei ein Geist, und noch einer endlich, sie sei eine Zahl.
Wir finden nichts, was so bloß wäre wie Zahl und so lauter. Darum wollten die Meister die Seele danach benennen, als nach etwas, das lauter und bloß wäre. Aber auch in den Engeln ist Zahl, man zählt: ein Engel, zwei Engel. Auch im Lichte ist Zahl. Man nenne sie darum nach dem Lautersten und Bloßesten, es rührt doch nicht bis an ihren Grund.
Gott, der ohne Namen ist und unaussprechlich, hat keinen Namen. In ihrem Grunde ist auch sie unaussprechlich wie er.
Ein anderer Grund: Die Namen für die Seele meinen die Seele in dem Kerker. Die Seele nämlich, will er sagen, als das Seelenwesen an sich. Daß sie noch Beziehung haben kann zu sich selber, das ist Kerker. Daß sie noch hinblickt auf niedere Dinge und durch die Sinne davon in sich zieht, das macht sie allsogleich enge. Darum nun, weil doch keine Worte ihrer höheren Natur den rechten Namen geben können, darum sprach unser Herr, man solle seine »Seele« hassen – die Seele, sofern sie *des Menschen* ist. Soweit meine Seele mein ist, ist sie Gottes nicht. Das ist der eine Grund,

warum man die Seele hassen soll. Der andere ist, daß meine Seele nicht in Gott gegründet, gepflanzt und hinübergebildet ist. Sankt Augustinus spricht: »Wer will, daß Gott sein Eigen sei, der soll Gottes Eigen sein.« Wem Gott eigen sein soll, der muß erst Gottes Eigen sein. Und zum dritten: Erlebt die Seele sich selber, als Seele, und erlebt sie Gott eigensüchtig, so ist das unrecht. Wenn aber Gott sich selber von der Seele erleben läßt und unvermengt über ihr bleibt, daß sie nichts dazu vermag und Gott, wie er an sich ist, erlebt und auch sich ganz in Gott, dann ist es recht so. Darum sprach unser Herr: Wer da seine Seele haßt, der bewahrt sie fürs ewige Leben. Was für die Seele von dieser Welt ist oder nach ihr blickt und zu ihr neiget, und was die Seele irgend beirrt, das soll sie hassen. Ein Meister spricht, daß die Seele mit ihrem Höchsten über der Welt sei. Liebe allein zieht die Seele nach dieser Welt: bald angeborene Liebe, die sie zum Leibe hat, bald gewollte Liebe, die sie zu den Kreaturen trägt. Ein Meister spricht: »So wenig das Auge zu tun hat mit dem Gesange und das Ohr mit der Farbe, so wenig hat auch die Seele ihrer Natur noch zu tun mit allem, was in dieser Welt ist.« Darum sprechen auch die besten Kenner der Natur, daß viel eigentlicher der Leib in der Seele sei denn die Seele in dem Leibe, daß eins das andere in sich enthalte. Wie das Faß mehr den Wein enthält denn der Wein das Faß, also enthält die Seele mehr den Leib denn der Leib die Seele. Wie grobsinnig wir doch sprechen: Die Seele ist in dem Leibe! Unser Herr will sagen: Wer seine Seele haßt in der Welt, der

bewahrt sie fürs ewige Leben. Was die Seele liebt in dieser Welt, dessen ist sie ledig in ihrer Natur. Ein Meister spricht: »Der Seele natürliche Vollkommenheit und wahre Natur ist dies, daß sie in sich werde eine geistige Welt, da Gott in sie eingeformt hat aller Dinge Bilder.« Wer da sagt, daß er bis an seine Natur gelangt sei, der soll dahin kommen, daß er alle Dinge in der Lauterkeit in sich gebildet finde, wie sie in Gott sind, nicht wie sie natürlich sind, ja, wie sie sind in Gott. Damit kommt sie bis an den Ursprung, daraus Gott in seiner Güte ausfließt in alle Kreaturen. Da erfaßt sie alle Dinge in Gott, nicht wie sie in ihrer reinen Natürlichkeit sind, vielmehr wie sie lauter und einfach sind in Gott. Gott hat diese ganze Welt gemacht wie eine Kohle. Ein Bild, das in Gold gefertigt ist, das ist weit besser denn ein Bild aus Kohle. So sind auch alle Dinge in der Seele, wie sie in ihr vorgebildet sind, weit lauterer und edler, als wie sie in dieser Welt sind. Der Stoff, aus dem Gott diese ganze Welt gemacht hat, ist wie eine Kohle gegen das Gold und ist viel roher noch als Kohle. Das Bild in Gold ist weit besser denn das in Kohle. Gott hat alle Dinge wie in Kohle geschaffen.
Ein Meister spricht: »Wer einen Hafen machen will, der nimmt ein wenig Erde; das ist sein Stoff, mit dem er arbeitet. Dann gibt er ihm eine Form, die er in sich hat und die viel edler ist denn die Materie.« Er will sagen, daß alle Dinge unvergleichlich edler sind in der geistigen Welt – das ist die Seele – als in dieser Welt. Wie das Bild in Gold, das eingedrückt und eingegraben ist und nicht gemalt, so sind aller Dinge Bilder einfach in der

Seele. Ein anderer Meister spricht, daß die Seele ein Vermögen hat, aller Dinge Bilder in sich einprägen zu lassen. Nimmer gelangt die Seele bis an ihre bloße Natur, ohne allen Dingen zu begegnen in ihrer geistigen Welt, die unbegrifflich ist und wo es kein Denken mehr gibt. Sankt Gregorius spricht: »Wenn wir von göttlichen Dingen sprechen, dann müssen wir stammeln.« Ein anderer Meister spricht: »Was außer dem Geiste und der Seele ist, das ist doch allzumal in sie eingedrückt.« Es steht in der Minne Buch[1] geschrieben: »Ihr Töchter von Jerusalem, verachtet mich nicht, daß ich braun bin; die Sonne hat mich verfärbt.« Damit meint sie die Töchter dieser Welt. Und spricht weiter: »Die Kinder meiner Mutter haben wider mich gestritten.« Das heißt, was von der Sonne dieser Welt an die Seele rührt, das macht sie dunkel. Braun ist keine reine Farbe. Sie hat etwas Lichtes und etwas Dunkles. Was die Seele noch denkt oder mit ihren Kräften wirkt, wie licht das auch in ihr sei, es wird doch getrübt. Darum heißt es: Die Kinder meiner Mutter haben wider mich gestritten. Wir müssen ihr eine Schwester geben. Die Kinder sind alle Sinne und Gedanken und die niederen Kräfte der Seele, die streiten alle wider sie und fechten sie an. Die Kinder meiner »Mutter«, heißt es. Der Vater im Himmel ist unser Vater; die Christenheit ist unsere Mutter. Wie schön und geschmückt sie auch sei und wie segensvoll mit all ihrem Tun: es ist noch alles unvollkommen. Darum heißt es: »Schönste unter den

[1] Hohelied 1, 5.

Weibern, geh aus und geh fort!« Diese Welt ist eine Frau, denn sie ist schwach. Frauen sind schwach. Warum heißt es: »die schönste unter den Frauen«? Die Engel sind viel schöner und sind hoch über der Seele. Darum: Schöne – in ihrem natürlichen Lichte –, geh aus und geh fort: geh aus der Welt und geh weg von dem, wozu die Seele noch ein Neigen hat. Und da, wo sie in der Erkenntnis mit den Dingen gemein wird, da soll sie sich hassen in diesem (irdischen) Kleide. Ein Meister spricht: Ich sah einen Menschen in dem einen Kleide keine, in einem andern wiederum große Liebe gewinnen. Bittet unsern lieben Herrn, daß wir unsere Seele hassen in diesem (gegenwärtigen) Kleide, und sie hassen, soweit sie *unsere* Seele ist, damit wir sie bewahren fürs ewige Leben. Dazu helfe uns Gott! Amen.

Die Seelenburg

Intravit Jesus in quoddam castellum et mulier quaedam excepit illum etc. Luc. 10, 38. Ich habe eben ein Wörtlein vorerst auf latein gesprochen, das steht geschrieben im Evangelium und heißt zu deutsch also: »Unser Herr Jesus Christus ging hinauf in eine Burgstadt und ward empfangen von einer Jungfrau, die ein Weib war.«

Wohlan denn, nun habet fein acht auf dieses Wort! Es muß notwendig so sein, daß der Mensch, von dem Jesus empfangen wurde, eine Jungfrau war. Jungfrau will soviel heißen als ein Mensch, der aller fremden Bilder ledig ist, geradeso ledig, als er war, da er noch nicht war. Seht, nun könnte man fragen: der Mensch, der geboren ist und fortgeschritten zu einem geistigen Leben, wie könnte der so ledig sein aller Bilder, wie da er noch nicht war? Er kennt doch so viel, und das sind alles Bilder: wie kann er denn da »ledig« sein?

Nun achtet auf die Unterscheidung, auf die ich euch hinweisen will. Wäre ich so rein geistig, daß alle Bilder, die je Menschen empfangen haben und die in Gott selber sind, als reine Vorstellung in mir stünden, und wäre ich von denen ganz unberührt, so daß ich weder im Tun noch im Lassen eine von ihnen mit Vor und mit Nach innegehabt hätte, sondern stünde in diesem Augenblick frei und ledig nach dem liebsten Willen

Gottes, um den zu tun ohne Unterlaß – wahrlich, so wäre ich »Jungfrau«, ohne Behinderung durch irgend ein Bild, ebenso wie ich war, als ich noch nicht war.
Ich sage weiter: daß der Mensch so »Jungfrau« ist, das raubt ihm gar nichts von all den Werken, die er je vollbracht – da steht er magdlich und frei unbeirrt in der obersten Wahrheit, wie Jesus ledig und frei ist und jungfräulich in sich selber. Wie die Meister sagen, daß nur gleich und gleich die Einigung verursacht, so muß auch der Mensch magdlich und Jungfrau sein, der den jungfräulichen Jesus empfangen soll.
Nun bedenket und habet fein acht: Wenn der Mensch immer nur »Jungfrau« bliebe, so käme niemals eine Frucht von ihm. Wenn er fruchtbar werden soll, so tut es not, daß er Weib sei. Weib ist das edelste Wort, das man der Seele beilegen kann, und ist weit edler denn »Jungfrau«. Daß der Mensch Gott in sich empfange, das ist gut; und in diesem Empfangen ist er jungfräulich. Daß aber Gott fruchtbar in ihm werde, das ist besser: denn Frucht bringen aus der Gabe, das allein heißt danken für die Gabe. Und da wird die Seele Weib in der wiedergebärenden Dankbarkeit, mit der sie Jesum Gott zurückgebiert in sein väterliches Herz.
Viel guter Gaben werden empfangen in der Jungfräulichkeit und werden dort nicht zurückgeboren in der Fruchtbarkeit des Weibes, Gott zu Lob und Dank. Die Gaben verderben und werden alle zunichte, daß der Mensch nimmermehr besser und seliger davon wird. Da ist ihm denn seine Jungfräulichkeit zu nichts nütze, weil zu dieser Jungfräulichkeit nicht das Weib mit

voller Fruchtbarkeit hinzukommt. Und darin liegt das Übel. Darum habe ich gesagt: »Jesus ging hinauf in eine Burg und ward empfangen von einer Jungfrau, die ein Weib war.« Das muß notwendig so sein, wie ich euch bewiesen habe.

Eheleute bringen des Jahres selten mehr als eine Frucht. Aber diesmal meine ich nun eine andere Art von Eheleuten: alle, die sich eigens gebunden haben an Beten, Fasten, Wachen und allerhand äußere Übung und Kasteiung. Jegliche Bindung an irgend ein Werk, die uns um die Freiheit bringt, jeweils im rechten Augenblick Gottes zu warten und ihm allein in dem Lichte zu folgen, mit dem er dich anweisen möchte, was du tun und lassen sollst – so frei und neu, als ob du nichts anderes in dir trügest, wolltest und könntest: eine jegliche Bindung oder irgend vorgenommenes Tun, das dir jene Frucht immer wieder nimmt, das heiße ich jetzt ein Ehejahr – denn deine Seele bringt keine Frucht, sie habe denn das Werk getan, von dem du in jeder Bindung Besitz genommen, noch vertraust du auf Gott und auf dich selbst, du habest denn dein Werk vollbracht – anders hast du keinen Frieden. Und so bringst du auch keine Frucht, du habest denn dieses dein Werk getan. Und dieses währt ein »Jahr«, und auch dann ist die Frucht noch gering, weil sie aus dem Hängen an jenem Werke und nicht aus Freiheit hervorgegangen. Solche Menschen heiße ich Eheleute, weil sie an etwas Bestimmtes gebunden sind. Die bringen wenig Frucht, und auch die noch ist gar klein vor Gott, wie ich gesagt habe.

Eine Jungfrau, die ein Weib ist, die ist frei und ungebunden von irgend einer Abhängigkeit, die ist Gott und sich selber allezeit gleich nah. Sie bringt viel Früchte, und die sind groß, ja nicht weniger und nicht mehr als Gott selber ist. Und solches Fruchtbringen und solche Geburt übt diese Jungfrau, die ein Weib ist, alle Tage hundertmal und tausendmal, ja ohne Zahl gebiert sie und wird fruchtbar aus dem alleredelsten Grunde. Noch besser gesagt: aus demselben Grunde, aus dem der Vater sein ewiges Wort gebiert, aus dem gebiert sie fruchtbar mit hervor. Denn Jesus ist das Licht und der Glanz des väterlichen Herzens – wie ja Sankt Paulus sagt, daß er die Ehre und der Abglanz des väterlichen Herzens ist und mit Gewalt es durchleuchtet. Dieser Jesus ist mit ihr vereint und sie mit ihm, und sie leuchtet und glänzt mit ihm zusammen als *ein* lauterklares Licht in Gottes Vaterherzen.
Ich habe es auch sonst gesagt: daß eine Kraft in der Seele ist, die nicht an Zeit noch Fleisch rührt, die aus dem Geiste fließt und in dem Geiste bleibt und völlig geistig ist. In dieser Kraft ist Gott blühend und grünend mit all der Freude und all der Herrlichkeit, wie er in sich selber ist. Da ist so herzinnige Freude, so unbegreiflich tiefe Freude, daß niemand es in Worten erschöpfen kann. Denn in dieser Kraft gebiert der Vater seinen ewigen Sohn ohne Unterlaß, also, daß diese Kraft den Sohn des Vaters mitgebiert und sich selber als diesen selben Sohn, eins mit der göttlichen Kraft des Vaters. Hätte ein Mensch ein ganzes Königreich oder alle Güter der Erde und ließe das rein um Gottes willen und

würde der ärmsten Menschen einer, die je auf Erde gelebt, und gäbe ihm dann Gott so viel zu leiden, als er je einem Menschen gab, und litte dieser Mensch alles das geduldig bis an seinen Tod, und gäbe Gott ihm mit einem Male einen Augenblick zu schauen, wie er in dieser Kraft der Seele ist: seine Freude würde so groß, daß all des Leidens und der Armut dennoch zu wenig wäre. Ja, gäbe ihm auch Gott hernach das Himmelreich nicht mehr, er hätte dennoch allzu großen Lohn empfangen für alles, was er je gelitten: denn Gott ist in dieser Kraft wie in dem ewigen Nun. Wäre die Seele allzeit mit Gott vereinigt in dieser Kraft, der Mensch könnte nicht altern. Denn das Nun, darin Gott den ersten Menschen machte, das Nun, darin der letzte Mensch vergehen wird, und das Nun, in dem ich jetzt spreche, die sind gleich bei Gott – in ihm gibt es nur ein Nun. Nun sehet, solch ein Mensch wohnt im nämlichen Lichte mit Gott, darum ist in ihm weder Leid noch Zeitenfolge, sondern die eine gleiche Ewigkeit. Diesem Menschen sind alle Wunden abgenommen in der Wahrheit, und alle Dinge stehen in ihm ihrem reinen Wesen nach. Darum empfängt er nichts Neues von künftigen Dingen noch von einem Ereignis, denn er wohnt in einem ewig neuen Nun ohne Unterlaß. Solche göttliche Herrlichkeit ist in dieser Kraft.
Und noch eine Kraft gibt es, die ist auch unkörperlich, fließt aus dem Geist und bleibt in dem Geist und ist völlig geistig. In dieser Kraft ist Gott ohne Unterlaß, glimmt und brennt mit seiner ganzen Fülle, mit all seiner Süßigkeit und all seiner Wonne. Wahrlich, in

dieser Kraft ist so große Freude und so unmäßig große Wonne, daß niemand wahr genug davon sprechen und bezeugen kann. Und ich sage weiter: Gäbe es einen einzigen Menschen, der hierin auch nur einen Augenblick geistig in ihrer Wirklichkeit schauen könnte alle Wonne und Freude: alles, was er leiden könnte und was Gott von ihm gelitten haben wollte, das wäre ihm alles gering, ja gar nichts. Ich sage noch mehr: es wäre ihm lauter Freude und Wohlergehen.

Willst du erkennen, ob dein Leiden dein sei oder Gottes, das sollst du hieran merken: leidest du um deiner selbst willen, welcher Art es auch sei, solches Leiden tut dir weh und ist dir schwer zu tragen. Leidest du aber um Gott und Gott allein, solches Leiden tut dir nicht weh und ist dir auch nicht schwer, denn Gott trägt die Last. Fürwahr, wäre ein Mensch, der für Gott und nur ihn allein leiden wollte, und fiele alles Leiden, das alle Menschen je gelitten, und das alle Welt zusammen trägt, allzugleich auf ihn, das täte ihm nicht weh und wäre ihm auch nicht schwer, denn Gott trüge die Last. Wenn mir jemand einen Zentner auf meinen Hals legt, daß ihn dann doch ein anderer auf meinem Halse trüge, so lüde ich ebenso leicht hundert auf wie einen, denn es wäre mir nicht schwer und täte mir auch nicht weh. Um es kurz zu sagen: Was der Mensch für Gott und Gott allein leidet, das macht es sich leicht und süß.

Nun sprach ich zu Anfang unserer Predigt: »Jesus ging hinauf in eine Burg und ward empfangen von einer Jungfrau, die ein Weib war.« Warum? Das mußte notwendig so sein, daß sie eine Jungfrau war und auch ein

Weib. Nun habe ich auch wohl gesagt, daß Jesus empfangen ward, ich habe euch aber nicht gesagt, was der Flecken war, so daß ich jetzt darüber sprechen will. Ich habe manchmal gesagt, es sei eine Kraft im Geiste, die allein sei frei. Zuweilen habe ich gesagt, sie sei eine Hütte des Geistes, zuweilen auch, sie sei ein Licht des Geistes; mitunter auch, sie sei ein Fünklein des Geistes. Nun aber sage ich: sie ist weder dies noch das. Und doch ist sie etwas, das ist hoch über Dies und Das wie der Himmel über der Erde. Darum nenne ich es nun in einer edleren Weise, als ich es je nannte, doch da spottet es auch des »edleren« Namens und der »Weise« und liegt hoch darüber. Es ist von allen Namen frei und auch aller Formen bloß, ledig und frei, ganz so wie Gott ledig und frei ist in sich selber. Es ist so gänzlich eins und einfach, als Gott eins und einfach ist, daß man auf keine Weise es erfassen kann. Dieselbe Kraft, von der ich gesprochen habe, darin ist Gott grünend und blühend mit all seiner Gottheit und die Seele in Gott in derselben Kraft. Hierin gebiert der Vater seinen eingeborenen Sohn ebenso wirklich wie in sich selber, weil er ja in dieser Kraft wirklich lebt und die Seele mit dem Vater denselben eingeborenen Sohn gebiert und in sich selber denselben Sohn und ist dieser selbe Sohn im gleichen Lichte und ist die Wahrheit. Könntet ihr's begreifen mit meinem Herzen, ihr verstündet wohl, was ich sage, denn es ist wahr, und die Wahrheit spricht es selber.

Sehet nun und merket: also eins und einfach ist diese Burg, davon ich euch sage und worunter ich die Seele verstehe, so hoch über allen Reden von ihr, daß diese edle Kraft, von der ich eben sprach, nicht würdig ist, je einmal auch nur einen Augenblick in die Burg hineinzublicken, noch auch die andere Kraft, von der ich sprach, darin Gott glimmt und brennt mit all seiner Fülle und all seiner Wonne, je darein blicken dürfte. So ganz einfach und eins ist diese Burg, und so hoch über allen Kräften und über aller Rede von ihm ist dieses einig Eine, daß nimmer eine Kraft noch sonst ein Etwas hineinblicken kann, auch Gott selber nicht. Ja, fürwahr, und so wahr als Gott lebt: Gott selber blickt da nimmer hinein, nicht einen Augenblick, und sah auch nie darein, insofern er sich im Bewußtsein hat und ihm Persönlichkeit anhaftet. Das ist wohl einzusehen, denn jenes einig Eine ist ohne Bestimmung und ohne Eigenschaft. Und darum, bei Gott, soll Gott je darein blicken: es kostet ihn notwendig alle seine göttlichen Namen und seine Eigenheit, Person zu sein – das alles muß er draußen lassen, soll er je einmal darein blicken. Vielmehr: Wie er das einfach Eine ist, ohne alle Bestimmung und Eigenschaft: da ist er weder Vater noch Sohn noch Heiliger Geist in diesem Sinne, und ist doch ein Was, das nicht Dies noch Das ist.

Sehet, nur so, wie er eins ist und einfach, gelangt er in das Eine, das ich da heiße die Burg in der Seele, und anders gelangt er auf keine Weise dahinein: dann erst gelangt er hinein und ist darinnen. In diesem Teil ist die Seele Gott gleich, und anders nicht. Was ich euch gesagt habe, das ist wahr: das stelle ich euch die Wahrheit zum Zeugen und meine Seele zum Pfande.

Daß wir nun eine Burg seien, nach der Jesus hinaufgehe, um empfangen zu werden und ewiglich so in uns zu bleiben, wie ich gesprochen habe, das helfe uns Gott! Amen.

Traktate

Die Reden der Unterweisung

1. Vom wahren Gehorsam

Wahrer und vollkommener Gehorsam ist eine Tugend vor allen Tugenden, und kein großes Werk kann geschehen und vollbracht werden ohne diese Tugend. Und so klein ein Geschäft auch sei und unbedeutend, es ist nützer getan in wahrem Gehorsam: es sei Messelesen oder -hören, beten, kontemplieren oder was du erdenken magst. Und nimm eine Arbeit, so gering du nur willst, es sei was immer, wahrer Gehorsam macht sie dir edler und besser. Gehorsam bewirkt in allweg das Beste an allen Dingen, ja Gehorsam geht nimmer fehl und versäumt auch nichts, es mag einer tun, was er will – wenn es nur aus wahrem Gehorsam kommt: denn *er* verabsäumt nichts Gutes. Gehorsam braucht nimmer Sorge zu haben, ihm gebricht es an keinem Gute. Wo immer der Mensch in Gehorsam aus sich ausgeht, in denselben muß hinwieder Gott notwendig eingehen; denn wenn einer für sich selber nichts mehr will, für den muß Gott so wollen wie für sich selber. Wenn ich meines Willens mich begeben habe in die Hand meines Obern und mir selber nichts mehr will, so muß Gott für mich wollen. Und soviel er dann mich außer acht ließe, soviel ließe er sich selber außer acht. Also kurz: Wo ich nicht selber will, da will statt meiner Gott.

Nun gib acht! Was will er da, wo ich nicht will. Worin ich mich *lasse,* darin muß er mir notwendig alles das wollen, was er sich selber will, nicht weniger und nicht mehr, und in der nämlichen Weise, mit der er für sich will. Und täte Gott das nicht: bei der Wahrheit, die doch Gott ist, so wäre er nicht gerecht und nicht Gott, was doch sein natürlich Wesen ist. Bei wahrem Gehorsam soll es kein »ich will so oder so, dies oder das« geben, sondern ein unbedingtes Fahrenlassen des Deinigen. Und darum soll es in dem allerbesten Gebet, das der Mensch beten kann, nicht heißen: »Gib mir diese Tugend oder jene Weise«, oder »Ja, Herr, gib mir dich selber oder ewiges Leben«, sondern allein: »Herr, gib mir nur, was du willst, und tue, Herr, was und wie du willst auf jede Weise.« Das übertrifft jenes andere wie der Himmel die Erde. Und wenn man dies Gebet also vollbringt, so hat man wohl gebetet. Denn so ist man in wahrem Gehorsam gänzlich eingegangen in Gott. Wie aber wahrer Gehorsam kein »Ich will also« kennen soll, so soll man von ihm auch kein »Ich will nicht« vernehmen. Denn ein »Ich will nicht« ist ein wahres Vergiften des Gehorsams. Wie Sankt Augustinus sagt: Den getreuen Diener Gottes gelüstet nicht, daß man ihm sage oder gebe, was er gern sähe oder hörte; denn sein erstes und höchstes Bemühen ist zu hören, was Gott allermeist gefällt.

2. Von dem allerkräftigsten Gebet und dem allerhöchsten Werk

Das kräftigste Gebet, allmächtig fast, alle Dinge zu erwerben, und das erhabenste Werk von allen ist jenes, das da hervorgeht aus einem ledigen Gemüt. Je lediger das ist, je kräftiger, würdiger, angelegentlicher, löblicher und vollkommener ist das Gebet und Werk. *Das ledige Gemüt vermag alle Dinge.* Was ist nun aber ein lediges Gemüt? Das ist ein lediges Gemüt: das mit nichts beladen ist noch bewirrt noch an etwas gebunden noch je etwann das Seinige meint, sondern ganz und gar nur in den liebsten Willen Gottes versenkt ist und den seinigen aufgegeben hat. Der Mensch kann kein noch so verächtliches Werk tun, es schöpft hierinne Kraft und Wirkung. Also kräftiglich soll man beten, daß man alle seine Glieder und Kräfte, beide Augen und Ohren, Mund und alle Sinne dazu sammelt, und nicht eher soll man aufhören, als bis man fühlt, daß man sich nun vereine mit dem, den man gegenwärtig hält, das ist Gott.

3. Von ungelassenen Leuten, die voll Eigenwillens sind

Da sagen die Leute oft: »Ach ja, Herr, ich wollte gerne, ich stünde mit unserm Herrgott auch so gut und hätte so viel Andacht und Friede mit Gott, wie andere Leute haben, und daß ich's auch so hätte und so arm sein könnte.« Oder sie sagen: »Mit mir wird's nimmer recht, ich sei denn da oder dort und tue so oder so, muß weg von daheim in Klause oder Kloster sein.« Wahrhaftig, an all dem bist du selber schuld, und weiter nichts. Es ist nur dein Eigenwille. Und wenn du's auch nicht weißt oder einsiehst: nimmer steht ein Unfriede auf in dir, er komme denn vom Eigenwillen, ob man das nun merke oder nicht. Was wir da meinen: der Mensch solle das eine fliehen, das andere suchen (als da sind andre Orte, andre Leute, andre Weise, andren Sinn oder neues Tun) – nicht das ist schuld, daß die Weise oder die Dinge dich hindern. Vielmehr: Du selber in den Dingen bist es, was dich hindert, denn du hältst dich zu den Dingen nicht in der rechten Weise. Darum fang zuallererst bei dir selber an und *lasse dich*! Fürwahr, wenn du nicht zuerst dich selber fliehst, so magst du fliehen wohin du willst, du findest da nur Erschwerung und Unfrieden, es sei, was es sei. Die Leute, die Frieden suchen an äußeren Dingen, es sei an Orten oder Weisen oder Menschen oder Werken oder Heimatlosigkeit oder Armut und Verachtung – wie groß sich das auch ausnehme oder was es sei, das ist

doch alles nichts und gibt keinen Frieden. Sie suchen alles verkehrt, die so suchen: Je weiter weg sie wandern, je weniger finden sie, was sie suchen. Sie gehen wie einer, der den Weg verfehlt: je weiter er geht, je mehr er irrt. Ja, was soll er aber tun? Vor allem, er soll sich selber lassen, so hat er alle Dinge gelassen. Wahrlich, ließe ein Mensch ein Königreich, ja, die ganze Welt und behielte doch sich selber, so hätte er nichts gelassen. Gibt er aber sich selber auf – er mag dann behalten was er will, es sei Reichtum oder Ehre oder was es sei, er hat doch *alles* aufgegeben.
Ein Heiliger bemerkt zu dem Wort, das Sankt Peter sprach: »Sieh, Herr, wir haben alles verlassen« – und dabei hat er doch nichts verlassen als sein Netz und sein Schifflein – dieser Heilige sagt: Wer das Kleine willig läßt, der läßt nicht dies allein, er läßt alles, was Weltmenschen je nur gewinnen, ja auch nur begehren können. Denn wer seinen Willen und sich selber läßt, der hat alles gelassen, so eigentlich, als ob sie sein freies Eigen und er ganz ihr Herr gewesen wäre. Denn wonach du kein Begehren trägst, all dessen hast du dich begeben und es gelassen um Gottes willen. Darum sprach unser Herr: Selig sind die Armen im Geiste, das ist dem Willen nach Armen. Und hieran soll keiner zweifeln: Gäb es eine bessere Weise, unser Herr hätte sie genannt – wie er ja auch sagte: Wer mir nachfolgen will, der verleugne zuerst sich selbst! Daran ist alles gelegen. Wache über dich, und wo du dein Ich am Werke spürst, da laß es fahren – das ist das Allerbeste.

4. Vom Segen der Gelassenheit, die man innerlich und äußerlich üben soll

Merke wohl, daß noch nie ein Mensch im Leben sich so überwand, daß ihm nicht noch etwas zu überwinden übrig blieb. Der Leute sind wenig, die das recht wahrnehmen und darin bestehen. Es ist ein gerechter Tausch und Handel: soweit du ausgehst aus den Dingen und des Deinen dich begibst, soweit (nicht weniger und nicht mehr) geht Gott ein in dich mit all dem Seinen. Damit heb an und das laß dich kosten alles, was du nur leisten kannst. So findest du wahren Frieden – und anders nicht. Die Menschen sollten nicht soviel nachdenken, was sie *tun* sollen, sie sollten aber bedenken, was sie *sind*. Wären nur sie selber gut und ihre Weise, so möchten ihre Werke herrlich leuchten. Bist du gerecht, so sind auch deine Werke gerecht. Denke nicht Heiligkeit zu gründen auf ein Tun: man soll Heiligkeit gründen auf ein Sein. Denn nicht die Werke heiligen uns, sondern wir sollen die Werke heiligen. Denn wie heilig immer die Werke auch seien, so heiligen sie uns durchaus nicht, weil sie etwa von uns getan sind, vielmehr gilt: insoweit wir wahres Sein und Wesen haben, insoweit heiligen wir auch all unser Tun, es sei Essen, Schlafen, Wachen oder was das sei. Die nicht groß von Wesen sind – was die auch wirken mögen, daraus wird nichts. Hieran lerne, daß man allen Fleiß daran wenden soll, gut zu sein: nicht so sehr, was man tue oder welcher Art die Werke seien, sondern wie der *Grund der Werke* sei.

5. Bedenke, was das Wesen und den Grund gutmache

Die Ursache, an der es gelegen ist, daß eines Menschen Wesen und Seelengrund vollkommen gut sei, und aus der seine Werke ihre Güte empfangen, das ist dies: daß des Menschen Gemüt gänzlich zu Gott gekehrt sei. Darauf setze all dein Studieren, daß dir Gott groß werde und daß all dein Trachten und Bemühen ihm zugewandt sei in all deinem Tun und Lassen. Fürwahr, je mehr du davon hast, je besser sind auch, welcher Art sie seien, deine Werke. Hafte Gott an, so hängt er dir alles Gute an. Suche Gott, so findest du Gott und alles Gute. Ja, in Wahrheit, du könntest in solcher Meinung auf einen Stein treten, und es wäre heiliger getan, als wenn du, das *Deinige* im Sinne, den Leib unseres Herrn nähmest, dein Trachten fern von ihm. Wer Gott anhaftet, dem haftet Gott an und alle Tugend. Und was vorher du suchtest, das sucht nun dich, und was vorher du jagtest, das jagt nun dich, und was vorher du fliehen mochtest, das flieht nun dich. Darum, wer Gott anhaftet, dem haftet alles an, was göttlich ist, den flieht alles, was anders ist und fremd.

6. Von der Abgeschiedenheit und vom Gotthaben

Ich wurde gefragt: manche Leute zögen sich streng von den Menschen zurück und wären gerne allein und wären in der Kirche, und daran läge ihr Friede – ob das das Beste wäre. Da sagte ich: nein! Und wisse warum. Mit wem es recht bestellt ist, fürwahr, dem ist es an allen Orten und bei allen Leuten recht. Mit wem es aber nicht recht steht, dem ist es nicht recht, an keinem Ort und bei keinem Menschen. Mit wem es aber recht steht, der hat Gott in Wahrheit bei sich. Wer aber Gott recht so in Wahrheit hat, der hat ihn an allen Orten und auf der Straße und bei allen Leuten geradeso wie in der Kirche oder in der Einöde oder in der Zelle. Wenn er ihn nur recht hat und ihn allein hat, einen solchen Menschen kann nichts beirren. Warum? Da hat er Gott allein; wer aber in allen Dingen lauter nur Gott meint, der Mensch trägt Gott in alle seine Werke und an alle Orte. Und eines solchen Menschen ganzes Tun wirkt schlechthin Gott; denn wer das Werk verursacht, dessen ist das Werk eigentlicher und wahrhafter denn dessen, der es vollbringt. Meinen wir nun Gott rein und allein, in Wahrheit, so muß er unser Tun wirken, und an *seinen* Werken allen kann ihn nichts hindern, kein Ort und kein Vielerlei. So mag auch jener Mensch von nichts beirrt werden, denn er meint und sucht und läßt sich nichts genügen als nur Gott, der ja mit diesem Menschen durch seine Meinung sich einigt. Und wie Gott von keiner Mannigfaltigkeit zerstreut werden kann, so kann auch diesen Menschen nichts zerstreuen noch vermannigfaltigen, denn er ist eins in dem Einen, wo alle Mannigfaltigkeit Einheit ist und Unvermannigfaltigkeit. Der Mensch soll Gott erleben in allen Dingen und soll sein Gemüt gewöhnen, daß er allzeit Gott gegenwärtig habe in seinem Sinne, in Meinung und Minne. Hab acht, wie du nach deinem Gotte trachtest, so du in der Kirche bist oder in der Zelle: dieses selbe Gemüt behalte und trage es unter die Menge und in die Unruh und in eine fremde Welt. Und wie ich oft gesagt habe: wenn man nun von Gleichbleiben spricht, so ist nicht gemeint, daß man alles Tun für gleich achten soll oder alle Stätten, alle Menschen. Das wäre gar unrecht: denn es ist ein besser Werk zu beten denn zu spinnen, und eine edlere Stätte die Kirche denn die Straße. Aber du sollst in deiner Arbeit das gleiche Gemüt haben und die gleiche Treue und den gleichen Ernst zu deinem Gott. Bliebest du in solcher Gleichheit, so hinderte dich niemand daran, deinen Gott gegenwärtig zu haben. Aber wem Gott nicht so in der Wahrheit inne ist, sondern fern, so daß er stets Gott von draußen holen muß, von hier und von dort, und wer ihn in wechselnder Weise sucht, an einem Tun, an Menschen oder Stätten, der hat Gott nicht. Und dann kann es leicht geschehen, daß den Menschen etwas hindert, denn er hat Gott nicht inne und sucht nicht und minnt und meint nicht ihn allein. Und darum hindert ihn nicht nur böse Gesellschaft, ihn hindert auch die gute, und nicht allein die Straße, und nicht allein böses Wort und Werk, wahrlich auch gutes Wort und Werk. Denn das

Hindernis ist in ihm, denn in ihm sind nicht alle Dinge zu Gott geworden; wäre ihm alles Gott, so wäre ihm an allen Orten und bei allen Leuten gar recht und wohl, denn er hätte Gott inne, und den könnte ihm niemand rauben, wie niemand ihn in seinem Wirken hindern könnte.

Woran liegt nun dieses wahre Gotthaben – daß man ihn wirklich habe?

Dieses wahre Gotthaben ist am Gemüte gelegen und an einer innigen und bewußten Hinwendung und Strebung zu Gott, nicht etwa an einem gleichmäßig stetigen Denken an Gott; denn das wäre der Natur unmöglich zu erstreben und wäre auch gar schwer und nicht einmal das Allerbeste. Der Mensch soll nicht bloß einen *gedachten* Gott haben und es sich bei dem genug sein lassen – wenn der Gedanke vergeht, so vergeht auch der Gott. Vielmehr: Man soll einen wesenhaften Gott haben, der noch über den Gedanken der Menschen ist und aller Kreatur. *Der* Gott vergeht nicht, es kehre sich denn der Mensch freiwillig von ihm ab. Wer Gott so im Wesen inne hat, der erfaßt ihn göttlich, und dem leuchtet er in allen Dingen, denn alle Dinge kommen ihm dann göttlich vor, und aus allem auch erbildet sich ihm Gott. In ihm hat allzeit Gott die Augen offen, in ihm begibt sich eine stille Abkehr vom Äußeren und ein Eindringen des gemeinten gegenwärtigen Gottes. Geradeso, wie wenn einen hitzig dürstet, so mit rechtem Durst: der mag wohl anderes tun als trinken und mag auch wohl anderer Dinge gedenken; aber was er auch tue oder bei wem er sei, in welchen Wünschen oder Gedanken oder welchem Tun: ihm vergeht doch das Bild des Trankes nicht, so lange der Durst währt. Und soviel größer der Durst ist, soviel mehr und inwendiger und lebhafter und dauernder ist das Bild des Trankes. Oder wer da hitzig ein Ding liebt mit ganzer Kraft, so daß ihn nichts anderes freut und ihm zu Herzen geht denn nur das Eine, so daß er dies nur will und gar nichts sonst: traun, wo der Mensch auch ist oder bei wem, oder was er beginnt oder vollbringt, so verlischt in ihm doch nimmer, was er so liebt, und in allen Dingen findet er das Bild des Einen, und es ist ihm um so lebhafter zugegen, je mehr die Liebe tief und tiefer wird. Ein solcher Mensch sucht nicht die Ruhe auf, denn ihn beirrt ja keine Unruhe. Ein solcher Mensch ist um so mehr von Gott begnadet, als er alle Dinge göttlich schätzt und höher, als die Dinge an sich selber sind. Freilich, dazu gehört Eifer und Hingabe und ein scharfes Achthaben auf unsere Inwendigkeit und ein wachsames, klares, begründetes Bewußtsein, wie das Gemüt sich zu stellen habe zu Sachen und Menschen. Und so etwas kann der Mensch nicht durch Fliehen lernen, indem er vor den Dingen flüchtet und sich in die Einsamkeit kehrt weg von der Außenheit, sondern er muß ein innerliches Einsamsein lernen, wo oder bei wem er sei. Er muß lernen, die Dinge zu durchbrechen, und seinen Gott *darin* ergreifen und es fertigbringen, in sich ihn wirksam herauszubilden, gerade so wie einer, der da will schreiben lernen. Fürwahr, soll er die Kunst verstehen, da muß er sich viel und oft in ihr üben, wie sauer und schwer es ihm auch werde und wie unmöglich es ihn dünke. Will er nur fleißig üben und oft, er lernt es und gewinnt die Kunst. Traun, zum ersten muß er an jeden Buchstaben einzeln denken und den sich gar fest vorstellen. Darnach, wenn er die Kunst inne hat, so wird er der Vorstellung gänzlich ledig und des Denkens an den Buchstaben, er schreibt frei und leicht dahin, es seien Kleinigkeiten oder kühne Werke, die durch seine Kunst entstehen sollen. Ihm ist's genug, nur zu wissen, daß er jetzt seine Kunst zu üben habe. Und wenn er auch nicht stetig an sie denkt, ja was er auch denken mag, er schafft doch sein Werk durch seine Kunst.

Also soll auch der Mensch von Gottes Gegenwart leuchten ohne besondere Bemühung, vielmehr soll er die Dinge in ihrer wahren Gestalt sehen und ihrer gänzlich ledig bleiben. Da gehört vor allem ein Drandenken und ein bewußtes Einprägen dazu wie dem Schüler zu seiner Schreibkunst. Also soll der Mensch von Gottes Gegenwart durchdrungen, soll mit der Form seines geliebten Gottes durchformt und in ihn eingewest sein, daß ihm seine Gegenwart leuchtet ohne alle Bemühung.

7. Wie der Mensch sein Werk am vernünftigsten wirke

Der Leute findet man viel, und leichtlich kommt der Mensch, wenn er will, dazu, daß ihn die Dinge, unter denen er wandelt, nicht behindern und auch kein bleibend Bild in ihm zurücklassen – denn wo das Herz Gottes voll ist, da können die Kreaturen keinen Platz mehr finden. Aber daran soll es uns noch nicht genug sein. Wir sollen uns alle Dinge auf eine höhere Art zu frommen machen, auf daß sie seien, was wir sind: was wir da sehen oder hören, wie fremd es uns sei oder wie ungleich. Dann erst steht es gut um uns und nicht eher. Und darin soll der Mensch gar nie zu Ende kommen, ohne Unterlaß soll er hierin wachsen und in einem wahren Zunehmen reicher werden. Und der Mensch soll zu allen seinen Werken und in allen Dingen seine Vernunft bewußt gebrauchen und in allem eine vernünftige Einsicht haben in sich selbst und seine Inwendigkeit und in allen Dingen in der höchsten Weise, die nur möglich ist, Gott ergreifen. Ja, der Mensch soll sein, wie unser Herr sprach: »Ihr sollt sein wie Leute, die allzeit wachen und warten ihres Herrn.«[1] Fürwahr, die wartenden Leute sind wachsam und sehen sich um, woher der komme, dessen sie harren, und warten sein in allem, was da kommt, und sei es ihnen noch so fremd, ob er nicht etwa darin erscheine. So sollen auch

[1] Matth. 25, 1f.

wir in allen Dingen üben eine bewußte Erwartung unseres Herrn. Dazu gehört notwendig Eifer, und es verlangt alles, was man nur aufbieten kann an Sinnen und an Kräften. So geschieht den Leuten gut, und sie nehmen Gott in allen Dingen gleich, und sie finden von Gott gleichviel in allem. Da ist wohl oft ein Werk nicht so wie das andere. Aber wer sein Werk vollbrächte aus einem gleichen Gemüt, fürwahr, dessen Werke wären auch alle gleich, und mit einem solchen, wenn der rechte Gott ihm eigen, wäre es wohl bestellt, ja dem leuchtete Gott in dem Weltlichsten so rein wie in dem Allergöttlichsten. Freilich, nicht so gemeint, daß nun der Mensch vorsätzlich etwas Weltliches oder Unrechtes tun solle, sondern was ihn vom äußeren Leben her ankommt, den Augen oder den Ohren, das soll er auf Gott beziehen. Wem nun Gott so gegenwärtig ist in allem und jedem, und der seiner Vernunft vollkommen mächtig ist und sie gebraucht, der allein weiß von wahrem Frieden und hat ein rechtes Himmelreich. Ja, wenn es mit einem Menschen recht stehen soll, so muß ihm je von zweien Dingen eines geschehen: entweder er muß Gott ergreifen und innehaben lernen in seiner Arbeit, oder er muß alles Tun und Treiben lassen. Weil nun aber der Mensch in diesem Leben nicht bestehen kann ohne Geschäftigkeit, die doch einmal des Menschen Teil ist und mannigfach von Art, darum soll der Mensch es lernen, seinen Gott zu besitzen in allem, was geschieht, und unbeirrt zu bleiben bei jedem Werk, an jedem Ort. Und wenn darum der anhebende Mensch etwas zu schaffen hat mit den Leuten, so soll er vorher ernstlich Gottes gewärtig sein und ihn sich fest ins Herz prägen und all sein Vorhaben, Denken, Wille und Kraft mit ihm vereinen, auf daß sich anderes in ihm nicht bilden könne.

8. Vom steten Fleiß im geistlichen Wachstum

Der Mensch soll auch niemals ein Werk so wohlberaten und rechtgetan glauben, um nicht so unbekümmert und selbstsicher in seinem Tun zu werden, daß seine Vernunft etwa müßig werden oder einschlafen könnte. Er soll sich stets mit den zwei Kräften, der Vernunft und dem Willen, erheben und sein Bestes in ihrer höchsten Auswirkung suchen und wider allen Schaden, außen und innen, weise sich sichern. So vernachlässigt er niemals etwas in irgendwelchen Dingen, sondern er nimmt mächtig zu ohne Unterlaß.

9. Wie die Neigung zur Sünde dem Menschen frommt zu allen Zeiten

Bedenke, daß die Versuchung zum Bösen dem rechten Menschen nie ohne großen Nutz und Frommen bleibt. So habet acht!
Es gibt zweierlei Menschen. Der eine ist so geartet, daß ihn keine Schwäche ankommt oder doch nur selten.

Der andere hinwiederum ist so geartet, daß ihn die Versuchung leicht ergreift. Vom äußern Eindruck der Umwelt gerät leicht ein sinnlicher Mensch in Bewegung, er wird zornig oder eitel oder sinnlich, je wie der Gegenstand ist. Aber in seinem höchsten Vermögen steht er doch vollkommen unbewegt und ist nicht gesonnen, seiner Zornwut oder anderer Schwäche nachzugeben, und kämpft mit aller Macht dagegen an. Und sei die Schwäche auch ein Stück Natur, wie denn mancher Mensch von Haus aus zu Jähzorn oder Hochmut neigt oder sonst dergleichen, er sträubt sich doch davor zu fallen. Ein solcher soll lauter gepriesen sein: viel größer ist sein Lohn und seine Tugend viel edler denn des ersten. Denn Vollkommenheit wird nur im Streite – wie Sankt Paulus spricht: »Die Tugend vollbringt man in der Schwachheit.«

Der Hang zur Sünde ist nicht Sünde, aber die Sünde wollen, das ist Sünde. Wahrhaftig – ein rechter Mensch, hätte er Wunsches Gewalt, sollte nicht wünschen, daß ihm der Hang zur Sünde vergehe. Denn ohne ihn stünde der Mensch sich selber unbekannt in jeder Lage, in Handel und Wandel, wäre vor der Welt nicht auf der Hut und darbte auch an Ehren, die den Streiter und den Sieger lohnen. Erst die Versuchung und die böse Gärung schaffen die Tugend und mit ihr den Preis des Kampfes; erst die böse Neigung macht den Menschen rührig, allerwegen sich in der Tugend kräftiger zu üben, und treibt ihn zu der Tugend mit Gewalt: Sie ist die strenge Geißel, die den Menschen antreibt zur Selbstbehütung und zum Guten. Je schwächer drum der Mensch sich weiß, desto eher darf er sich der Stärke und des Siegs versehen: denn Gut und Böse liegen bei des Menschen Willen.

10. Wie der Wille alles vermag, und wie alle Tugend am guten Willen liegt

Der Mensch soll sich durch gar nichts entmutigen lassen, solang er sich guten Willens weiß, und soll sich nicht betrüben, wenn es ihm schwer wird, den Willen zur Tat zu vollbringen. Ja, er soll sich dem Guten nicht mehr ferne glauben, wenn er den rechten guten Willen in sich findet. Es fehlt dir nichts mehr, wenn du echten, rechten Willen hast: weder Minne noch Demut noch sonst eine Tugend. Sondern was du mit aller Kraft und ganzem Willen willst, das *hast* du schon, und kein Gott und keine Kreatur kann dir's rauben – wenn anders dein Wille ein ganzer ist und Gottes wegen will und [heut noch] vor ihm gegenwärtig steht. Kein »ich wollte wohl«, nein, das wäre Künftiges, sondern »ich will, daß es jetzo also sei«! Habt acht! Wär' ein Ding auch tausend Meilen weg, und ich will es haben, so ist es noch eigentlicher mein Eigen, als was ich in meinem Schoße halte, ohne seiner zu begehren.

[Es kommt alles auf den Willen an; und da ist denn] der gute nicht minder kräftig zum Guten als der böse zum Bösen. Das laß dir gesagt sein: Wenn ich auch nie die böse Tat vollbringe und habe doch den Willen zum

Bösen, so *hab'* ich die Sünde, als hätte ich schon die Tat selbst vollbracht. Ich kann mit einem einzigen gründlich bösen Wollen so schwere Sünde tun, als hätt ich alle Welt gemordet, und hab doch keinen Finger dazu gerührt. Warum nun sollte solche Macht nicht auch der *gute* Wille haben? Ja noch viel, viel mehr?

Wahrhaftig, mit meinem Willen vermag ich alles: kann aller Menschen Mühsal tragen, kann alle Armen speisen, aller Menschen Arbeit tun und was du nur erdenken magst – gebricht dir's nicht am Willen, nur an der Macht dazu, wahrhaftig, vor Gott hast du das alles getan, und keiner kann dir's nehmen noch einen Augenblick dich in solchem Werk beirren. Denn tun *wollen*, sobald ich's kann, und getan *haben*: das ist vor Gott das gleiche. Wollte ich so viel Erkenntnis haben als alle Welt, und ist mein Begehren danach groß und ganz, wahrhaftig, so hab' ich sie; denn was ich haben *will*, das habe ich. Oder wollte ich von Herzen so viel Minne haben, als alle Menschen je verspürt, und Gott so mächtig loben, oder was du sonst erdenken magst, das hast du in Wahrheit alles, so du den ganzen Willen hast.

Nun wirst du fragen, wann der Wille denn ein rechter Wille sei? Da ist der Wille ganz und recht, wo er ohne alle Eigenheit ist, wo er sich selber verlassen und in den Willen Gottes eingebildet, sich in ihn umgeformt hat. Je mehr er dies getan, desto mehr ist dein Wille recht und wahr, und kraft seiner vermagst du alles, sei's Minne oder was du willst.

Nun ist die Frage: Wie kann ich diese Minne haben,

wenn ich doch ihrer nicht empfinde und gewahr werde – wie ich sie an vielen Leuten sehe: die haben große Werke aufzuweisen, und eine Andacht und wunderbare Art finde ich an ihnen, von dem allem ich nichts habe.

Hier mußt du zweier Dinge achten, die man an der Minne unterscheiden kann: Minne als Wesen und Minne als Werk und Ausbruch dieses Wesens.

Ihre Stätte hat die Minne allein im Willen. Wer den größeren Willen hat, hat auch die größere Minne. Aber *wer* davon mehr habe, das weiß keiner vom andern, das liegt verborgen in der Seele, weil auch Gott verborgen liegt im Grunde der Seele. Als Wesen liegt die Minne ganz und gar am Willen: wer den größeren Willen hat, hat auch die größere Minne.

Nun ist aber noch ein zweites: das ist ein Ausbruch und eine Tat der Minne, das denn freilich mehr ins Auge sticht, als Innigkeit und Andacht und Jubilieren. Wahrhaftig, das Beste ist das nicht! Es stammt ja manchmal gar nicht aus der Minne, sondern kommt aus Fleisch und Blut, daß man solch schmelzendes Gefühl und Seelenwonne kostet. Es kann ja wohl des Himmels Eindruck sein, doch auch das Werk der Sinnlichkeit, und die das häufiger erleben, sind darum noch lange nicht die Besten; denn wär' es auch wirklich so, daß dergleichen von Gott her komme, so schickt unser Herr das solchen Leuten nur dazu, um sie neugierig zu machen und anzureizen; und überdies entzieht eine solche Frömmigkeit den Menschen seiner Mitwelt. Und wenn dann solche Frommen hernach zu größerer

Minne kommen, so spüren sie vielleicht nicht mehr so viel schönes Fühlen und Empfinden, und dann erst kommt's an den Tag, ob sie Minne haben; wenn sie *ohne* solches Innewerden Gottes ihm unentwegt die Treue halten. Ja, und wäre auch in alledem die echte Minne, so ist es doch das Beste nicht an ihr; denn oft muß man solchen Jubilus fahren lassen, um einer bessern Minne willen: muß zwischendurch ein Liebeswerk üben, wo man seiner eben not hat zur Hilfe – geistlich, weltlich oder leiblich. Wie ich oft schon sagte: Wäre der Mensch so hoch in Verzückung wie ehedem Sankt Paulus, und er wüßte einen siechen Menschen, der eines Süppleins von ihm bedürfe, ich halte es weit besser, du ließest aus Liebe von der Verzückung und dientest in größerer dem Bedürftigen. Da soll der Mensch dann auch nicht meinen, daß er dadurch um Gnaden komme. Denn was man willig läßt aus Liebe, das empfängt man um so herrlicher zurück – wie denn Christus sagt: »Wer etwas läßt um meinetwillen, der soll hundertfältig dafür wiedernehmen.« Ja wahrhaftig, was einer hingibt und wovon er sich losgemacht um Gottes willen – und trüg er noch so groß Begehr nach jenem Trost in innigen Gefühlen, und müht er sich um sie, so gut er kann, und Gott schickt sie ihm nicht, und er beruhigt sich dabei und will sie Gottes wegen gerne missen – wahrhaftig, er wird sie nun in sich finden, nicht anders, als hätt' er alle Köstlichkeit der Welt in ihrer ganzen Fülle besessen. Und wer dessen willig sich begeben hat und um Gottes willen darauf verzichtet, der wird hundertfältig dafür empfangen. Denn wenn der Mensch gern etwas hätte und er verzichtet getrost darauf um Gottes willen, es sei leiblich oder geistlich Gut, das findet er alles so in Gott, als wär' es in ihm selbst und er hätte es nur willig von sich getan. Denn der Mensch soll willig beraubt sein aller Dinge, soll in der Liebe zur Ruhe kommen und zuversichtlich auch des Trostes entraten aus Liebe. Daß man solch (köstliches) Empfinden um der Liebe willen zuweilen muß fahren lassen, das zeigt uns der liebe Paulus, wenn er sagt: »Ich habe gewünscht, daß ich von Christo müsse geschieden werden, aus Liebe zu den Brüdern.«[1] Das meinte er in dieser Weise: von der *Tröstung*; er meinte »Liebe« nicht im ersten Sinne, denn von der wollte er um keinen Preis der Welt auch nur einen Augenblick geschieden sein. Doch mußt du wissen, daß die Freunde Gottes niemals ohne Trost sind. Denn was Gott will, das eben ist ihr allerhöchster Trost – es sei Trost oder Untrost.

11. Was der Mensch tun soll, wenn Gott sich ihm verborgen hat

Du mußt wissen, daß der reine Wille Gott nicht verlieren kann. Freilich: Das empfindende Gemüt vermißt ihn zuweilen und verfällt oft dem Wahne, Gott sei fortgegangen. Was sollst du dann tun? Ganz dasselbe,

[1] Röm. 9, 3 lautet: »Denn ich wünschte selbst im Banne zu sein, fern von Christus, um meiner Brüder willen . . .«

was du tätest, wenn du im schönsten Wohlgefühle wärst; das nämliche lerne tun, wenn du im größten Leiden stehst, und halte dich allweg so wie du dort dich hieltest. Es gibt keinen besseren Rat, Gott zu finden, als da wo man ihn aus dem Spiele läßt: Wie dir zumut war, als du ihn zum letzten Male hattest, also tu auch jetzt, wo du ihn vermissest. So findest du ihn. Freilich: Der reine Wille, der verliert oder vermißt Gott nie und nimmer.

Da gibt es nun Leute, die sagen: »Wir haben guten Willen!« Aber sie haben nicht *Gottes* Willen, sie wollen *ihren* Willen haben und möchten unsern Herrn belehren, er hab es so und so zu machen. Das ist kein guter Wille. Man soll nach Gottes liebstem Willen forschen. *Darauf* ist Gott in allen Dingen aus, daß wir den Willen aufgeben. Als Sankt Paulus mit unserm Herrn innige Red und Widerrede tauschte, da half alles nichts, bis daß er den Willen aufgab und sprach: »Herr, was willst du, daß ich tue?« Da wußte unser Herr wohl, daß er tun sollte. So auch, als Unserer Frau der Engel erschien. Alles, was sie je getan und gesprochen, das hätte sie nimmer zur Mutter Gottes gemacht: aber sobald sie ihren Willen aufgab, da ward sie mit einem Male eine wahre Mutter des ewigen Gotteswortes und empfing Gott auf der Stelle – und Gott wurde ihr natürlicher Sohn. Nichts in der Welt macht uns zu wahren Menschen, wenn wir nicht den eigenen Willen aufgeben. Wahrhaftig, ohne Aufgabe des Willens in allen Dingen wirken wir nicht zusammen. Ja ich sage: Käm' es dahin, daß wir unsern ganzen Willen aufgäben und uns aller Dinge, äußerlich und innerlich, zu entschlagen getrauten, dann hätten wir alles vollbracht – nicht eher. Solcher Leute findet man wenig.

Die aber – bewußt oder unbewußt – jenes Genügen und Empfinden großer Dinge haben möchten, Reiz und Wohlgefühl: bei solchen ist nichts als das liebe Ich. Du solltest dich Gott gänzlicher ergeben mit allem, was du hast, und weiter nicht danach fragen, was er nun anfange mit seinem Eigentum. Zwar sind Tausende von Gestorbenen im Himmel, die nie in ganzer Vollkommenheit aus ihrem Eigenwillen herausgingen – und das allein erst wäre ein vollkommener und wahrer Wille, daß man ganz getreten wär' in Gottes Willen, ohne selber noch einen zu haben – aber doch ist einer, je weiter er's *hierin* gebracht, um so tiefer und eigentlicher in Gott versetzt. Ja, ein Ave Maria, gesprochen in solcher Gesinnung, wo der Mensch sich selbst verläßt, ist nützer denn tausend Psalter gelesen ohne sie, ja, ein Schritt in ihr besser als ohne sie eine Fahrt über Meer.

Der Mensch, der also sich selber und all das Seine verlassen hätte, der wäre wahrhaftig so ganz in Gott versetzt: wo man den auch anrührte, da rührte man zu allererst an Gott – denn er ist ganz und gar in Gott, und Gott umgibt ihn, wie meine Kappe mein Haupt umschließt, und wer mich anrühren wollte, der müßte zuerst mein Kleid berühren. Ähnlich: Soll ich trinken, so muß der Trank zuerst über die Zunge gehen, da übt der Trank seinen Geschmack. Ist die Zunge bekleidet mit Bitterkeit, wahrhaftig, mag er an sich noch so süß sein, dann muß der Wein bitter werden von dem

Mittel, durch das er an mich kommt. Wahrlich, so wäre auch ein Mensch, der seines Ichs sich ganz entäußert hätte, so von Gott umfangen, daß nichts Erschaffenes an ihn rühren könnte, weil alles zuerst auf Gott träfe; und was immer an ihn kommen wollte, das müßte durch Gott an ihn kommen: von ihm seinen Geschmack annehmen und gotthaft werden. Da mag ein Leiden noch so groß sein: kommt es auf dem Weg über Gott, so hat Gott es schon vorweg gelitten. Ja wahrhaftig, bei Gott ist nie ein Leiden, das den Menschen befällt, es heiße nun Mißstimmung oder Widerwärtigkeit, so gering, daß es nicht Gott ohnmaßen näher träfe als den Menschen, und noch viel mehr als diesem selbst zuwiderliefe. Nimmt aber Gott es hin um eines Gutes willen, das er in solcher Schmerzgestalt für dich vorgesehen hat, und bist *du* bereit zu leiden, was *er* leidet und was durch ihn an dich kommt, so wird es von selber gotthaft: ein Leben in Verachtung oder sonst Bitteres wird das Allersüßeste, die tiefste Finsternis wird klares Licht, alles nimmt Geschmack von Gott an und wird göttlich – denn was einem solchen Menschen dann auch begegnen mag, das bildet sich ihm aus Gott heraus, anderes sinnt er nicht, anderes mundet ihm nicht, und so erlebt er Gott in jeder Bitterkeit wie in der höchsten Wonne.

Das Licht leuchtet in der *Finsternis,* da erst wird man sein gewahr. Was soll denn den Leuten das Licht der Lehre, denn daß sie's nützen. Wenn sie in Finsternis sitzen und im Leiden, so soll ihr Licht offenbar werden. Freilich, je mehr wir uns behalten wollen, je weniger behalten wir uns. Der Mensch, der sich seiner selbst begeben hätte, der würde Gottes inne werden in all seinem Tun. Geschäh es aber doch, daß ein Mensch fehlträte oder mit seinem Wort entgleiste, oder daß er sonstwie irreginge, indes doch Gott sein Beginn war bei dem Werke, so ist es notwendig an ihm, das Übel auf sich zu nehmen, doch du darfst darum keineswegs von deinem Werke lassen. Das finden wir ein Beispiel an Sankt Bernhard und an vielen andern Heiligen. Solcher Wendung der Dinge wird man wohl in diesem Leben nie ganz überhoben sein. Doch darum, weil etwa einmal Ratten ins Korn geraten, soll man nicht auch das gute Korn verwerfen. Wahrlich, wenn einer recht gestellt ist und sich auf Gottes Art versteht, dem werden solche Heimsuchungen und Zwischenfälle zu großem Segen – denn dem Guten schlagen alle Dinge zum Guten aus (wie Sankt Paulus sagt und auch Sankt Augustin): *ja sogar die Sünde.*

12. Wie man sich verhalten soll, wenn man sich in Sünden findet

Wahrhaftig, Sünde getan haben ist nicht Sünde, wenn sie einem leid ist. Zwar soll der Mensch die Sünde nicht *wollen,* um keinen Preis der Zeit und Ewigkeit, weder schwere noch läßliche, überhaupt keine Sünde. Wer sich auf Gottes Art versteht, der soll allweg bedenken, daß der getreue huldreiche Gott den Menschen aus einem sündigen in ein göttliches Leben gebracht und sich ihn aus einem Feinde zum Freunde gemacht hat – und das ist mehr als eine neue Welt erschaffen. Das wäre doch einer der stärksten Antriebe, den Menschen ganz auf Gott zu stellen, und müßte ihn wunder wie mächtig zu großer Liebe entflammen, daß er seiner selbst sich ganz begäbe. *Ja, wenn einer recht aus Gottes Willen lebte, der sollte gar nicht wünschen, daß die Sünde, darein er gefallen, nicht geschehen wäre* – nicht darum, weil sie wider Gott gegangen, sondern weil du nun durch sie zu noch mehr Liebe gehalten bist und damit auch geniedrigt und gedemütigt. Zwar hast du wider Gott getan, aber du darfst Gott zutrauen, daß er solches nicht über dich verhängt hätte, wollte er nicht dein Bestes daraus ziehen. Wenn aber der Mensch ernsthaft aus der Sünde wieder aufsteht und sich gänzlich von ihr abkehrt, so tut der getreue Gott, als wäre der Mensch nie in Sünde gefallen, und will ihn seine Sünden auch nicht einen Augenblick entgelten lassen: und wären ihrer so viele als die ganze Menschheit je getan, Gott will sie ihn nimmer entgelten lassen und könnte mit einem solchen Menschen so vertraulich umgehen wie nur je mit einer Kreatur. Wenn anders er ihn nur *jetzt* willig findet, so sieht er nicht darauf, was er zuvor gewesen. Gott ist ein Gott der Gegenwart: wie er dich findet, so nimmt er dich und läßt dich zu, nicht als den, der du gewesen, sondern der du jetzund bist. All das Unrecht und die Schmach, die Gott in aller Sünde angetan werden, will er gern hinnehmen, jahrelang, auf daß doch der Mensch darnach zu einer überwältigenden Erkenntnis seiner Liebe komme, daß er an Liebe und Dankbarkeit desto voller werde und seine Innenzucht um so heißer betreibe, wie das ja billig nach der Sünde so zu kommen pflegt. Darum nimmt Gott das Sündenelend gerne hin und hat es oft schon hingenommen und zu allermeist über Menschen verhängt, die er ausersah, um sie in große Dinge hineinzuziehen. Sieh doch! Wer war denn unserm Herrn jemals lieber und vertrauter als die Apostel? Nicht einer, der nicht in Sünde fiel, alle waren sie Todsünder gewesen. Ein Gleiches hat er im Alten und im Neuen Bunde oft bewiesen an denen, die ihm dann hinterher doch weitaus die liebsten geworden. Und immer noch hört man selten, daß Menschen zu großen Dingen kommen, sie hätten denn zuvor das Rechte verstoßen. Und damit will unser Herr uns dahin bringen, daß wir seine große Erbarmung erkennen und will uns mahnen zur großen echten Demut und Andacht. Denn wenn die Reue sich erneut, muß mächtig auch die Liebe sich mehren und erneuen.

13. Von zweierlei Reue

Die Reue ist von doppelter Art. Die eine ist zeitlich und sinnlich, die andere ist göttlich und übernatürlich. Die zeitliche zieht sich immer niederwärts in immer tiefere Qual und wirft den Menschen in einen Jammer, als ob er jetzt gleich verzweifeln müsse. Da bleibt die Reue im

Elend stecken und kommt nicht vom Fleck – da wird nichts draus.
Die göttliche Reue aber ist ganz anders. Sobald der Mensch ein Mißfallen spürt, erhebt er sich auch schon zu Gott und müht sich in ernster Abkehr von aller Sünde um einen unerschütterlichen Willen. Und von da erhebt er sich in ein großes Vertrauen zu Gott und gewinnt eine große Sicherheit. Und daraus kommt ihm eine fromme Freude, die die Seele heraushebt aus allem Elend und Jammer und sie an Gott befestigt. Und je gebrechlicher einer sich fühlt und je mehr er übel getan, um so mehr hat er Ursache, in ungeteilter Liebe sich an Gott zu binden, bei dem es keine Sünde und kein Gebresten gibt. Die beste Staffel drum, die man betreten mag, will man zu Gott in ganzer Andacht gehn, ist dies: von Sünde frei zu sein kraft der göttlichen Reue. Und je schwerer man da die Sünde selber wägt, um so bereiter ist auch Gott, sie zu vergeben, zur Seele zu kommen und die Sünde zu vertreiben. Ist jeder doch am rührigsten, *das* abzutun, was ihm allermeist zuwider ist. Und je mehr und größer die Sünden sind: unendlich lieber vergibt sie Gott, und um so rascher, je mehr sie ihm zuwidergehn. Kaum denn, daß die göttliche Reue sich zu Gott erhebt, sind alle Sünden bälder verschwunden in den Abgrund Gottes, als ich mein Auge zutun könnte, und werden so gänzlich zunichte, als wären sie nie geschehen.

14. Von der wahren Zuversicht und von der Hoffnung

Wahre und vollkommene Liebe ist daran zu erkennen: daß man große Hoffnung und Zuversicht habe zu Gott. Es ist kein Ding, daran sich's besser prüfen ließe, ob man die ganze Liebe habe, als Vertrauen. Denn wenn einer den andern aus ganzem Herzen liebt, so kommt auch das Vertrauen. Was man Gott irgend zutraut, das findet man dann auch wirklich an ihm, und tausendmal mehr. Und wie es einem Menschen nie zuviel werden kann, daß Gott ihn liebt, so kann auch der Mensch nie zuviel auf Gott vertrauen. Alles, was man sonst auch tun könnte, ist nicht so würdig als ein großes Gottvertrauen. Wer immer noch zu großer Zuversicht zu ihm gelangte, den ließ er nimmer los, er hätte denn große Dinge gewirkt mit ihm. Denn bei all denen wußt' er wohl, daß solches Vertrauen komme aus *Liebe*.

Aber Liebe hat nicht allein *Vertrauen*, sie besitzt auch ein klares *Wissen* und eine zweifellose *Sicherheit*.

15. Von zweierlei Sicherheit des ewigen Lebens

Zweierlei Wissen gibt es in diesem Leben vom ewigen Leben.

Das eine kommt davon, daß es Gott dem Menschen selber sage oder durch einen Engel es ihm entbiete oder durch eine besondere Erleuchtung ihm eingebe. Doch geschieht dies selten und nur wenigen Leuten.

Das andere Wissen ist ungleich besser und nützer und geschieht allemal vollkommen liebenden Leuten. Und das beruht darin, daß der Mensch kraft der Liebe und des Umgangs, so er mit seinem Gotte pflegt, ihm so ganz vertraue und seiner sicher ist, daß er ihn gleichermaßen liebt in allen Kreaturen. Und verneinten's ihm alle Kreaturen und schwüren ihm ab, ja sagte sich Gott selber von ihm los: er wird nicht irre, denn Liebe *kann* nicht irre werden, sie glaubt ja nur Gutes, und es hat nicht Not, daß man Liebenden und Geliebten etwa Rates gebe. Denn indem er empfindet, daß er Gottes Freund ist, ist er zugleich all dessen gewiß, was ihm gut ist und zu seinem Seligsein gehört. Denn wie es dich auch zu ihm zieht: des kannst du sicher sein, daß es ihn ohnmaßen mehr zu dir zieht und er ungleich größern Glauben hat an dich. Denn er ist die Treue selber: und des soll man bei ihm sicher sein und *sind* auch alle sicher, die ihn lieben.

Diese Gewißheit ist viel größer und voller und fester denn jene erste und kann nicht trügen. Aber das *Sagen* könnte trügen und vielleicht ein falsches Licht sein.

Doch diese (innere) Gewißheit empfindet man in allen Vermögen der Seele, und sie *kann* nicht trügen in denen, die ihn wahrhaft lieben. Die zweifeln daran so wenig als an Gott selber. Denn die Liebe treibt alle Furcht aus, spricht Sankt Paulus; und es steht ja auch geschrieben: die Liebe deckt der Sünden Fülle zu. Wo Sünde geschieht, wäre ja Gottes Treue und Liebe nicht vollkommen, deckte sie die Sünden nicht allsogleich zu: sie weiß nicht von Sünde. Nicht als wär's nicht Sünde gewesen, was man getan, sondern die Sünden verderben und vergehen, als ob sie nie gewesen wären. Denn alle Werke Gottes sind im Nu in der Tat vollkommen und zum Überfließen voll: Wem er vergibt, dem vergibt er augenblicklich alles ganz und viel lieber Großes denn Kleines, und so vollendet sich das Vertrauen.

So acht' ich dies (innere Wissen) ungleich besser: es bringt mehr Segen und ist wahrer denn das erstere. Denn hier wird nichts zum Hindernis, auch die Sünde nicht. Nach der Liebe, die Gott in einem antrifft, urteilt er, hab der nun viel oder gar nicht mißgetan. Ja: Wem mehr vergeben wird, der soll auch mehr lieben – wie denn unser Herr Jesus sprach: »Wem mehr vergeben wird, der liebe um so mehr!«

16. Von der wahren Pönitenz und von seligem Leben

Viele Leute meinen, sie müßten an Außenwerken schwere Dinge auf sich nehmen: als fasten, barfußgehn und solcher Dinge mehr, die da Pönitenz heißen. Aber die allerbeste Pönitenz, durch die der Mensch sich wahrhaft und zum Höchsten fördert, ist die, daß er die große ganze Abkehr vollziehe von alldem, was nicht durchaus Gott und göttlich ist an ihm und allen Kreaturen, und die große, volle, ganze Zukehr zu seinem lieben Gott in unbeirrbarer Hingabe übe, derart, daß sein Hindenken und Hinverlangen zu ihm mächtig sei. In dem Werk, bei dem dir dies zuallermeist gelingt, bist du auch am meisten heilig. Und je mehr du das bist, um so viel wahrer ist deine Pönitenz und Reue und wäscht sie Sünde ab und alle Strafe. Ja, wolltest du dich augenblicklich so ernsthaft und mit wahrem Leid und Abscheu von aller Sünde ab und ebenso ernsthaft zu Gott hinkehren, und hättest du die Sünden, die seit Adams Zeiten je geschahn und immer weiter geschehen, allesamt getan, das würde dir alles ganz vergeben samt der Strafe, daß du, wenn du jetzund stürbest, hinführest vor das Antlitz Gottes.

Das ist die wahre Pönitenz, und die beruht am vollkommensten auf dem teuren Leiden, der höchsten Pönitenz unseres Herren Jesu Christi. Je mehr der Mensch *darein* sich bildet, je mehr auch alle Sünde von ihm abfällt und alle Sündenstrafe. Auch soll der Mensch sich dran gewöhnen, daß er sich in all seinen Werken

stets ins Leben und in die Werke unsers Herrn Jesu Christi hineinbilde, in all seinem Tun und Lassen, Erleiden, Erleben und Trachten nur *darein*, wie *Er's* mit uns gemeint hat.
Solche Pönitenz ist ein über die Dinge vollauf erhaben Gemüt, das ganz in Gott aufgeht. Und in welchen Werken du dies zumeist erlebst und innewirst, die üb vor allen froh und frei. Und hindert dich dran ein äußerlich Werk, es sei Wachen, Fasten, Lesen oder was sonst, das laß frischweg fahren und denk nur ja nicht, du möchtest dann etwas an »Pönitenz« versäumen. Denn Gott sieht nicht darauf, welches die Werke seien, nur darauf, welches die Liebe sei, die Andacht und das Gemüt in den Werken: ihm liegt doch nicht an unsern Werken, sondern einzig nur daran, was unsere Werke für eine Seele haben, und daß wir *ihn* in allen Dingen meinen.
Das wäre doch allzu habgierig: wollte der Mensch sich nicht an Gott genug sein lassen. Das sei dir Lohns genug bei allen deinen Werken, daß dein Gott sie kennt und daß du ihn darin meinest. Damit gib dich ein für allemal zufrieden. Und je reiner und einfältiger du ihn meinest, um so kräftiger tilgen deine Werke all deine Sünde ab. Bedenke auch, daß Gott der allgemeine Erlöser der ganzen Welt gewesen – und dafür bin ich ihm noch viel mehr Dankes schuldig, als wenn er nur mich allein erlöst hätte. Also sollst auch du der gemeine Erlöser alles dessen sein, was du mit Sünden an dir verdorben hast. Und mit alldem wirf dich ganz in ihn! Denn mit Sünden hast du verdorben alles, was

an dir ist: Herz und Sinne, Leib und Seele, Kräfte und alles, was an dir und in dir ist: es ist doch alles siech und verdorben. So fleuch denn zu ihm, an dem kein Gebresten ist, sondern alles gut, auf daß er dir sei ein vollkommener Erlöser von aller Verderbnis an dir innen und außen.

17. Wie sich der Mensch in Frieden halte, wenn er sich nicht in äußerer Mühsal sieht, wie Christus und viele Heilige sie gehabt, und wie er gleichwohl solle Gott nachfolgen

Den Leuten mag Furcht und Schwermut davon kommen, daß unseres Herren Jesu Christi Leben und auch das der Heiligen so streng und mühevoll gewesen und daß der Mensch darin nicht viel vermag noch auch dazu sich getrieben fühlt. Und wenn sich nun die Leute hierin so ganz anders finden, so achten sie sich so fern von Gott, als könnten sie ihm nicht folgen. Das soll man nicht! Der Mensch soll sich keinerweise von Gott entfernen, weder aus Not noch Schuld noch sonstwie. Und sei's auch, deine großen Sünden hätten dich so weit abgetrieben, daß du dich Gott nahezusetzen nicht vermöchtest, so sollst du Gott doch dir nahesetzen; denn es ist vom Übel, wenn der Mensch einen Abstand setzt zwischen sich und Gott. Der Mensch ergehe sich Gott nahe oder fern: Gott geht doch nimmer fern, er hält sich immer nahe, und kann er nicht inne bleiben, so kommt er doch nicht weiter denn vor die Tür. Und also steht's auch mit der Strenge des Nachfolgens. Hab acht, was es eigentlich mit deiner Nachfolge auf sich habe. Du sollst sehen und wissen, wozu du von Gott am dringendsten gemahnt seist. Denn wie Sankt Paulus sagt: mitnichten sind die Menschen alle auf den nämlichen Weg zu Gott gerufen. Findest du nicht, daß dein nächster Weg nicht über viel äußere Werke gehe und große Mühsal oder Darben – daran ist schlechthin gar nicht viel gelegen, der Mensch werde denn sonderlich von Gott dazu getrieben und habe die Kraft, es so zu machen, ohne sein Innerstes zu beirren – und findest solches nicht in dir, so bleib du ganz in Frieden und hab nicht viel Kummer darüber.

Nun könntest du sagen: Wenn nichts daran liegt, warum haben's denn unsere Vorfahren und viele Heilige so gemacht?

So bedenke: Unser Herr hat ihnen diese Weise gegeben, aber auch die Kraft, diese Weise zu verfolgen und eben damit ihm zu gefallen: hierin sollten sie zu ihrem Besten kommen. Aber Gott hat den Menschen nicht gebunden an irgend solche sonderliche Weise. Was die eine Weise leistet, dies Vermögen hat Gott allen guten Weisen verliehen, und keiner ist es versagt. Denn ein Gutes ist nicht wider das andere. Und hieran sollten's die Leute merken, daß sie unrecht tun, wenn sie etwan einen trefflichen Menschen sehen oder von ihm sagen hören, der freilich nicht ihrer Weise folgt, und dann meinen: alles verlorene Müh! Weil ihnen die Weise dieser Leute nicht zusagt, gleich muß es auch mit ihrer

Weise und Gesinnung nicht weit her sein. Das ist nicht recht! Man soll andrer Leute Weise mehr achten – das ist treffliche Frömmigkeit! – und niemands Weise schmähen. Ein jeder behalte *seine* gute Weise und beziehe darein alle Weisen und ergreife in der seinigen alle andern guten. Wechsel der Weise macht unstet Art und Gemüt. Was dir die eine geben mag, das kannst du auch mit der andern erkriegen, wenn sie nur gut und löblich ist und Gott allein meint. Es können doch nicht alle Menschen *einem* Wege folgen. Und so ist es auch mit der Nachfolge des strengen Lebens der Heiligen. Ihre Weise sollst du wohl ehren, und sie mag dir gefallen, aber ihr folgen brauchst du nicht.

Nun möchtest du sagen: »Unser Herr Jesus Christus, der hatte allweg die höchste Weise, dem allzeit nachzufolgen tun wir gut.« Das ist freilich wahr. Unserm Herren soll man billig nachfolgen – aber doch nicht in allen Dingen. Unser Herr, der fastete vierzig Tage: das braucht doch keiner auf sich nehmen, darin ihm zu folgen. Christus, der hat viele Werke getan, darin wir ihm geistig sollen nachfolgen und nicht leiblich. Und darum soll man sich mühen, ihm vernünftig nachzufolgen; denn er hat es mehr auf unsere Liebe abgesehen als auf unsere Werke. Nur so, so eigentlich, sollen wir ihm nachfolgen. Aber wie? Das bedenk in allen Dingen: das Wie und die Weise! Wie ich schon oft gesagt habe: Ich halte ein geistiges Werk für weit größer als ein leibliches.

Wieso?

Christus hat vierzig Tage gefastet. Darin folge ihm so:

Nimm wahr, wozu du am leichtesten neigest – da laß von dir und nimm dich selber in acht. Das frommt dir mehr, da unbekümmert zu bleiben, denn streng zu fasten an aller Speise. So ist dies etwan auch schwerer, ein Wort zu verschweigen, als von allem andern sonst; ist einem Menschen etwan schwerer ein kleines Schmähwort zu ertragen, an dem nichts ist, wogegen ihm ein großer Schlag, auf den er sich gefaßt gemacht, was Leichtes wäre; ist's ihm viel schwerer, allein zu sein in der Menge denn in der Wüste; ist ihm oft Kleines schwerer zu lassen denn Großes, oder ein kleines Werk zu tun als eines, das man für gar groß hält.
So mag auch der Mensch in seiner Schwäche wohl unserm Herrn nachfolgen und kann und darf sich nicht ferne glauben von ihm.

18. In welcher Weise der Mensch gebrauchen mag, was ihm gebührt: zarte Speise, schöne Kleider und fröhliche Gesellen, so sie ihm anhangen aus natürlicher Neigung

Du darfst in deiner »Weise« nicht beworren sein von Speise noch von Kleidern, als hinge das Heil daran; sondern gewöhne deinen Grund und dein Gemüt, daß es weit darüber erhaben sei und davon unberührt nichts minne denn Gott allein. Und warum?
Ja, das wäre eine schwache Inwendigkeit, der das

äußere Gewand nachhelfen müßte: das Innere soll dem Äußeren nachhelfen – soweit es bei dir allein steht. Freilich, wenn es dir anders zufällt, so kannst du aus deinem Grund heraus auch das für gut hinnehmen, indem du dich eben drein findest – also, daß du auch, wenn's anders käme, dies gern und williglich hinnähmest. So ist es auch mit der Speise, mit den Freunden und Verwandten und mit allem, was dir Gott geben oder nehmen mag. Immer achte ich's für besser denn alles, daß sich der Mensch großmütig Gott überlasse, er werfe auf ihn, was er wolle. Das sei Schande, das sei Mühsal, das sei an Leiden, was es sei – daß der Mensch es mit Freude und Dank hinnehme und mehr von Gott sich wohin führen lasse, als daß er sich selber dahin bringe.

Und so lernet gerne in allem von Gott und folget ihm – so wird es recht mit euch. Dann kann man auch getrost Ehre und Gemach annehmen: wenn anders man, fiele Ungemach und Unehre auf so einen Menschen, auch die ertrüge und gerne wollte tragen. Und darum mögen mit allem Recht und Wohlverstand die wohl speisen, die gleichfähig und -bereit zum Fasten wären. Und hierin liegt wohl auch der Grund, wenn Gott einmal seine Freunde vielen großen Leidens überhebt. Sonst könnte es seine grenzenlose Treue nicht so hingehn lassen: weil ja gar so großer Segen im Leiden liegt und er mit diesem wie mit allen guten Dingen nicht kargen will noch darf. Er läßt sich eben auch hier genügen an einem guten und ehrlichen Willen, anders ließe er sich's nicht entgehn, Leiden zu verhängen wie den vielen andern Frommen. Und dieweil sich Gott begnügt, sei's auch du zufrieden. Wenn ihm was anders gefällt mit dir, sei zufrieden. Denn der Mensch sollte inwendig so ganz bei Gott sein in allem, was er will, daß er sich nicht viel bewirren brauchte mit Weisen noch mit Werken. Und sonderlich sollst du fliehen alle Sonderlichkeit, es sei in der Kleidung, in Speise, in Rede, wie hohe Worte zu gebrauchen oder absonderliche Gebärden, mit denen ja gar nichts geholfen ist. Freilich, du sollst auch wissen, daß dir nicht alle Sonderlichkeit verboten ist. Es gibt viel Sonderliches, was man in vielen Fällen und bei vielen Leuten einhalten muß. Denn wer was Besonderes ist, der muß auch Sonderlichkeit üben zu mancher Zeit auf viele Weisen. Der Mensch soll sich inwendig in allen Dingen eingebildet haben in unsern Herrn Jesum Christum, daß man einen Widerschein aller seiner Werke und seiner Gottgestalt in solch einem Menschen finde: er soll diese Werke alle in sich tragen in einer Angleichung so vollkommen, als er sie nur vermag. *Du* sollst wirken, *er* soll nehmen! Tu du dein Werk aus aller deiner Andacht und aus deiner besten Meinung! Daran gewöhne dein Gemüt zu aller Zeit, bis daß du in all deinem Tun dich in ihn überbildest.

19. Warum Gott oft gestattet, daß gute Menschen, die in Wahrheit gut sind, manchmal gehindert werden von ihren guten Werken

Der getreue Gott läßt es geschehen, daß seine Freunde oft in Schwachheit fallen, auf daß ihnen aller Halt abhanden gehe, auf den sie sich hinneigen und stützen möchten. Denn das wäre einem liebenden Menschen eine große Freude, viele große Dinge zu vermögen, es sei an Wachen, an Fasten oder andern Dingen, sonderlich großen und schweren Dingen. Das ist ihnen Freude, Halt und Hoffnung, wenn ihnen ihre Werke sind eine Stütze und ein Zuverlaß. Gerade das nun will unser Herr ihnen nehmen, damit er allein ihr Halt und Zuverlaß sei. Und das tut er nur aus reiner Güte und Barmherzigkeit, denn nur aus dieser seiner eigenen Güte kommen alle seine Werke. Denn nicht dazu dienen unsere Werke, daß uns Gott dafür etwas gebe oder tue. *Das* will unser Herr, daß seine Freunde einer solchen Gesinnung entwachsen, und darum nimmt er jenen Halt von ihnen weg, auf daß nur er allein ihr Halt muß werden. Denn Großes will er ihnen geben, und dies nicht um eines Zweckes, nur um seiner freien Güte willen. Und Er soll ihr Halt und ihr Trost sein, sie aber sollen in allen großen Gaben Gottes sich selber als das reine Nichts erkennen und erachten. Denn je bloßer und lediger das Gemüt sich auf Gott wirft und von ihm getragen wird, um so tiefer setzt sich der

Mensch in Gott und wird Gottes empfänglich in seinen herrlichsten Gaben.
Der Mensch soll allein auf Gott bauen.

20. Von unsers Herren Leib – wie oft man den nehmen soll und in welcher Weise und Andacht

Wer den Leib unseres Herren gern nehmen möchte, der braucht nicht zu warten, bis er wunder wie große Innigkeit und Andacht in sich finde oder spüre, sondern er soll darauf sehen, wie beschaffen sein Wille und seine Gesinnung sei. Du sollst nicht groß Gewicht drauf legen, was du empfindest – das achte groß, was du aufnimmst und was du dabei willst.
Der Mensch, der freiweg will und kann zu unserm Herren gehen, der soll zum *ersten* an sich haben: daß er sein Gewissen frei finde von allem Vorwurf der Sünde. Das *zweite* ist, daß des Menschen Wille in Gott gekehrt sei, daß er nichts andres meine, nichts andres ihn gelüste denn Gott und das Göttliche zumal, und daß ihm mißfalle, was mit Gott unverträglich ist. Hieran soll der Mensch auch prüfen, wie fern oder nahe er Gott sei: genau soweit er, mehr oder minder, solchen Sinnes ist. Das *dritte,* was er an sich haben soll, ist dieses: daß die Liebe zum Sakrament und zu unserm Herren im Genuß noch mehr und mehr wachse, und daß die Ehrfurcht sich nicht mindere von dem vielen Hinzugehn. Denn was oft des einen Leben ist, das ist

des andern Tod. Darum sollst du in dir darauf sehen, ob deine Liebe zu Gott wachse und die Ehrfurcht nicht verlösche. Je öfter du alsdann zum Sakramente gehst, um so viel besser und nützer es ist. Und da laß dir deinen Gott nicht abreden noch abpredigen. Je öfter, je besser und Gott um so lieber. Denn unsern Herrn verlangt danach, daß er in dem Menschen und mit dem Menschen wohne.

Nun möchtest du sagen: »Ach, Herr, ich finde mich so leer und kalt und träge, daß ich mich nicht getraue, zu unserm Herrn zu gehn.« So sage ich: desto mehr bedarfst du's, daß du zu deinem Gotte gehest! Denn in ihm wirst du geheiligt und ihm alleine angeschlossen und gereinigt. Denn *die* Gnade findest du im Sakrament und nirgend anders so eigentlich: daß deine natürlichen Kräfte da geeinigt und gesammelt werden von der hehren Kraft der leiblichen Gegenwart unseres Herren, daß alle deine zerstreuten Sinne hierinnen gesammelt und geeinigt werden – und die einzeln nur zu tief niedergeneigt waren, die werden hier aufgerichtet und Gott zu Recht erboten. So werden sie vom liebenden Gott nach innen gewöhnt und entwöhnt von leiblichen Hemmungen durch zeitliche Dinge, werden behende und gestärkt und erneut durch seinen Leib. Ja, wir sollen in ihm verwandelt und in ihm gänzlich geeinigt werden, daß das Seinige unser wird, und alles Unsrige werde das Seine: unser Herz und das seine *ein* Herz, unser Leib und der seine *ein* Leib. Also sollen alle unsere Sinne und unser Wille, unsere

Absichten und Kräfte und Glieder in ihn eingetragen werden, daß man seiner empfinde und gewahr werde in allen Kräften des Leibes und der Seele.
Nun möchtest du sagen: »Ach, Herr, ich werde keiner großen Dinge in mir gewahr, nur der Armut – wie dürft ich da denn zu ihm gehen?«
Meiner Treu, willst du aber deine Armut wandeln, so gehe zu dem tiefgeneigten Überfluß seines ganzen maßlosen Reichtums, und du wirst reich. Denn dessen sollst du gewiß sein in dir, daß er allein ist der Schatz, an dem dir mag genügen, und der dich mag erfüllen. Darum will ich zu dir gehn, daß dein Reichtum erfülle meine Armut, und all deine Unendlichkeit erfülle meine Leere, und deine grenzenlose, unendliche Gottheit erfülle meine allzu schnöde, verdorbene Menschheit.
»Ach, Herr, ich habe zu viel gesündigt, nie kann ich es abbüßen!«
Geh nur zu ihm, er hat vollauf gebüßt für alle Schuld! In ihm kannst du wohl dem himmlischen Vater opfern, das würdige Opfer für all deine Schuld.
»Ach, Herr, ich wollt ihn gerne loben, aber so kann ich's nicht!«
Geh nur zu ihm, er allein schon ist das vollkommene Wohlgefallen des Vaters, das unendliche, wahrhaftige, vollkommene Lob aller göttlichen Güte! Kurz: Willst du aller Gebresten mit einem Mal entledigt sein, mit Tugend und mit Gnade bekleidet und in den Ursprung wonniglich geführt und heimgeleitet werden, so halte dich also, daß du das Sakrament oft und würdig neh-

men kannst: so wirst du zu ihm geeint und mit seinem Leib geadelt.
Ja, im Leib unseres Herren wird die Seele also nah in Gott gefügt, daß alle die Engel, nicht Cherubim noch Seraphim, keinen Unterschied mehr wissen noch finden zwischen ihnen beiden. Denn wo sie an Gott rühren, da rühren sie an die Seele, und wo die Seele, da Gott. Nie ward so nahe Einung! Denn die Seele ist viel enger mit Gott vereint als Leib und Seele, die den einen Menschen machen. Diese Einung ist viel enger, als wenn man einen Tropfen Wassers gösse in ein Faß voll Wein: Da wäre Wasser und Wein, und das würde so in eins gewandelt, daß keine Kreatur imstande wäre, den Unterschied zu finden.
Nun möchtest du sagen: »Wie kann das sein? Noch empfinde ich nichts davon.«
Was liegt daran? Je weniger du's empfindest und je fester du's glaubst, um so löblicher ist dein Glaube, um so mehr soll er geachtet und gelobt werden; denn ein ganzer Glaube in einem Menschen ist viel mehr denn nur ein Wähnen. In ihm haben wir ein wahres Wissen. Fürwahr, uns gebricht es an nichts als an einem tiefen Glauben. Daß uns dünkt, wir hätten mehr Gutes von dem als von jenem zu erwarten, das kommt nur von äußeren Gesetzen – es ist ja an dem einen nicht mehr als an dem andern. Soviel einer glaubt, so viel empfängt er und hat er inne.
Nun möchtest du sagen: »Wie könnte ich so hohe Dinge glauben, dieweil ich anders bin von Art und mich gebrechlich finde und geneigt auf viele Dinge!«

Sieh, da sollst du auf zwei Dinge an dir achten, die auch unserm Herren eigen waren. Er besaß die obern und die niedern Kräfte, und die taten auch zweierlei Werk. Seine oberen Kräfte übten Besitz und Genuß ewiger Seligkeit, aber die niederen Kräfte, die waren in derselben Stunde im ärgsten Leiden und stritten auf der Erde. Und der beiden Werke keines hinderte das andere an seiner Erfüllung. Also soll es auch in dir sein, daß die oberen Kräfte erhaben seien in Gott und gänzlich ihm erboten und zugetan. Ja noch mehr: Meiner Treu, alles Leiden soll man dem Leib allein befehlen und den niederen Kräften und den Sinnen, aber der Geist soll sich mit ganzer Kraft erheben und ledig in seinen Gott versenken. Ja noch mehr: Das Leiden der Sinne und der niederen Kräfte, das geht die Seele nichts an, noch deren Anfechtungen. Je größer und stärker der Streit ist, je größer und löblicher auch der Sieg und die Ehre des Siegers. Denn je schwerer die Anfechtung ist und je stärker der Stoß des Bösen, wenn der Mensch ihn überwindet, um so eigener wird dir die Tugend und um so lieber deinem Gott.

Darum also: Willst du deinen Gott würdig empfangen, so sieh zu, daß deine oberen Kräfte in deinen Gott gerichtet und daß dein Wille nach seinem Willen auf der Suche sei und wie du ihn im Sinne habest und wie deine Treue in ihn sich gründe. Der Mensch kann solcherweise den werten Leib unseres Herren nicht empfangen, er empfange denn zugleich sonderliche große Gnade – und das je öfter, je besser.

Ja, es könnte der Mensch den Leib unseres Herren

nehmen in solcher Andacht und Meinung, daß er, wär anders er von ihrer Ordnung, kommen müßte in den untersten Chor der Engel. Er könnte ihn zum andern Mal derart empfangen, daß er in den zweiten Chor erhoben würde. Ja, mit solcher Andacht vermöchtest du ihn zu empfangen: du würdest gewürdigt des achten oder des neunten Chores.

Darum, wären zwei Menschen nach ihrem ganzen Leben sich gleich, und hätte der eine vordem unseres Herren Leib mit Würdigkeit einmal mehr empfangen als der andere: dadurch wird der eine Mensch vor dem andern wie eine blitzende Sonne sein und eine sonderliche Einung mit Gott erfahren.

Dieses Nehmen und dieses selige Genießen des Leibes unseres Herren hängt nicht allein am äußerlichen Gebrauch, es liegt auch im geistigen Gebrauch mit begehrendem Gemüt und Einung und Andacht. Dies kann einer so herzlich vornehmen, daß er so reich wird an Gnaden wie sonst kein Mensch auf Erden. Und er kann es tausendmal im Tage und öfter, er sei wo er sei, er sei siech oder gesund. Freilich, man soll sich sakramentlich dazu bereiten: in geordneter Weise und voll Tiefe des Verlangens. Hat man aber nicht den rechten Geist und kein Verlangen, so reize man sich dazu und bereite sich und halte sich dran – so wird man heilig in der Zeit und selig in der Ewigkeit.

Dies gebe uns der Herr der Wahrheit und gebe uns die Liebe zur Keuschheit und das Leben der Ewigkeit. Amen.

21. Von geistlicher Beflissenheit

Wenn ein Mensch unseres Herren Leib nehmen will, so soll das ohne große Bekümmernis abgehen. Dazu ist es ziemlich und sehr nütze, daß man zuvor beichte, auch wenn man keiner Sünde Vorwurf spürt, nur um der Frucht dieses Sakraments der Beichte willen. Wär's aber so, daß den Menschen etwas peinigte und er vor Bekümmernis nicht zum Beichten käme, so geh er zu seinem Gott und gebe sich dem schuldig in großer Reue und sei zufrieden, bis daß er zur Beichte die Ruhe habe. Entfallen ihm dabei inzwischen die Gedanken oder der Vorwurf der Sünde, so mag er denken, Gott habe ihrer auch vergessen. Man soll Gott eher beichten als den Menschen und, wenn man schuldig ist, die Beichte vor Gott schwer wägen und sich ernstlich strafen. Man soll das nicht, weil man ja doch zum Sakramente gehen wolle, um äußerer Geschäfte willen leichtfertig übergehen und unterwegs lassen – wenn anders des Menschen Meinung gerecht ist und göttlich und gut.

Man muß das lernen, daß man in seinen Geschäften frei am Gemüte sei; das ist aber für einen schwachgläubigen Menschen ungewohntes Tun, daß er es dahin bringe, daß ihn keine Menge und keine Arbeit hindere. Dazu gehört großer Fleiß, und daß ihm Gott gegenwärtig sei und stetig leuchte zu jeder Stunde und unter allen Menschen; dazu gehört ein gar behender Fleiß und sonderlich zwei Dinge.

Das *eine* ist, daß sich der Mensch inwendig wohl verschlossen halte, daß er sein Gemüt gewarnt sein lasse vor den Bildern, die draußen stehen, auf daß sie ihm auch draußen bleiben und nicht in ihrer fremden Weise mit ihm wandeln oder ihn umgeben, und daß sie keine Stätte in ihm finden.

Das *andere* ist dies, daß der Mensch sich in seine inwendigen Bilder, es seien nun wirkliche Bilder oder eine bloße Erhabenheit seines Gemütes oder auch Bilder von draußen oder was das immer sei, daß er sich gegenwärtig halte: sich nicht in dergleichen zu zerlassen noch zu zerstreuen noch zu veräußern an das Viele. Dazu soll der Mensch all seine Kräfte gewöhnen und hinkehren und sein Inwendiges gegenwärtig vor sich haben.

Nun möchtest du sagen: »Der Mensch muß sich nach außen kehren, soll er draußen etwas schaffen, denn kein Werk kann gewirkt werden, es komme denn aus seinem eigenen Urbild in der Seele.«

Das ist wohl wahr. Aber die Außenheit der Bilder ist dem geübten Menschen nichts Außenhaftes, denn alle Dinge sind dem inwendigen Menschen eine inwendige göttliche Weise.

So kann es nur werden, wenn der Mensch seine Vernunft gänzlich an Gott gewöhnt und an ihm übt – so geschieht ihm innen allzeit göttlich. Der Vernunft ist nichts so eigen und so gegenwärtig und so nahe als Gott. Nimmer kehrt sie sich anderswohin. Zu den Kreaturen kehrt sie sich nicht, ihr geschehe denn Gewalt und Unrecht und sie werde ganz gebrochen und verkehrt. Ist sie dann in einem jungen Menschen oder was für einem sonst verdorben, da muß man sie mit aller Mühe zurecht bringen und alles daran setzen, was man vermag, daß man sie herwieder gewöhne und ziehe. Denn wie eigen und natürlich Gott ihr auch sei: hat sie sich einmal verkehrt und sich vergründet mit den Kreaturen und mit ihnen sich verbildert und dazu hingewöhnt, so wird sie an diesem Teil also verkränkt und ungewaltig ihrer selbst und von ihrem edlen Ziele also sehr abgebracht, daß aller Fleiß, den der Mensch vermag, noch immer nicht genug ist, sich gänzlich wieder zu gewöhnen. Er mag das alles tun, dennoch bedarf es steter Hut.

Vor allen Dingen also soll der Mensch darauf sehen, daß er sich gut und fest gewöhne. Wollte sich ein ungewöhnter und ungeübter Mensch so halten und es so machen wie ein gewöhnter Mensch, der würde sich gänzlich verderben, und es könnte nichts mehr aus ihm werden. Hat sich der Mensch erst einmal aller Dinge entwöhnt und ihnen entfremdet, darnach mag er auch bedachtsam seine Werke wirken und unbekümmert der Dinge gebrauchen und entsagen, wie er will. Weiterhin: Was der Mensch lieb hat und mit Lust wahrnimmt und mit Wollen verfolgt, es sei Speise oder Trank oder sonst etwas, das kann nicht ohne Verfehlung bleiben bei einem ungeübten Menschen.

Der Mensch soll sich gewöhnen, nirgends das Seinige zu suchen oder zu ergreifen, sondern in allen Dingen Gott zu finden und zu fassen. Denn Gott gibt keine Gabe, noch gab er je, daß man die Gabe nur besitze und an ihr sich ausruhe; sondern alle Gabe, die er gegeben hat im Himmel und auf Erden, die gab er alle darum, damit er *eine* Gabe geben könne, das ist er selber. Mit jenen Gaben allen will er uns nur bereiten für die Gabe, die er selber ist. Und alle Werke, die Gott je gewirkt im Himmel und auf Erden, die wirke er um *eines* Werkes willen, daß er doch *das* vollbringen könne: daß er uns möchte selig machen. So sage ich denn: In allen Gaben und in allen Werken sollen wir Gott ansehen lernen, und an nichts sollen wir uns genügen lassen und bei nichts stehen bleiben. In keiner Weise gibt es für uns Stehenbleiben in diesem Leben hier, noch ward es je einem Menschen, wie weit er auch vorwärts gekommen. Vor allen Dingen soll sich der Mensch allzeit gewärtig halten der Gaben Gottes und allweg neuer.

Um es kurz zu sagen – ich spreche von einer, die wollte gar zu gern etwas haben von unserem Herren: da sagte ich, es fehle ihr an der rechten Bereitung, und gäbe Gott die Gabe ihr so unbereitet, sie müßte dran verderben. Ihr fragt mich: »Warum war sie nicht bereit? Sie hatte doch einen guten Willen, und Ihr sagt ja, daß der alle Dinge vermöge und daß er alle Dinge und die ganze Vollkommenheit in sich begreife.« Das ist wahr – doch ist beim »Willen« zweierlei Sinn zu unterscheiden.

Wahrhaftig, es ist nicht genug, daß des Menschen Gemüt abgeschieden sei in dem bestimmten Zeitpunkt, wo man sich einmal Gott gerade gern fügen will, man muß vielmehr eine wohlgeübte Abgeschiedenheit haben, die vorangeht und nachdauert: dann erst kann man große Dinge von Gott empfangen und Gott in den Dingen. Ist man aber unbereit – man verdirbt die Gabe und Gott in der Gnade. Das ist auch der Grund, warum uns Gott nicht allzeit geben kann, wie wir's erbitten. Es fehlt nicht an ihm, denn er hat's tausendmal nöter zu geben denn wir zu nehmen. Aber wir tun ihm Gewalt und Unrecht an damit, daß wir an seiner ureigensten Tat ihn hindern durch unsere Unbereitschaft. Der Mensch soll lernen bei allem, was von Gott ihm zukommt, mit seinem Ich aufzuräumen und gar nichts Eigenes mehr in sich zu behalten: nichts mehr zu suchen, weder Nutz noch Lust noch Inbrunst noch Süßigkeit noch Himmelreich noch eigenen Willen. Gott gab sich nie, noch gibt er sich je in einen fremden Willen. Er gibt sich nur in seinen eigenen. Wo immer er seinen Willen findet, dahinein gibt er sich und läßt sich dort mit allem, was er ist. Und je mehr wir des Unseren entwerden, je mehr werden wir seiner inne. Darum ist es nicht genug, daß wir für einmal uns selber und alles, was wir haben und vermögen, aufgeben, sondern wir sollen uns darin oft erneuen und also uns in allem vereinfachen und befreien.

Auch das ist wohl nütze, daß sich der Mensch nicht daran genügen lasse, daß er die Tugenden wie Gehorsam, Armut und andre Tugend bloß im Gemüt (dem Geiste nach) besitze, sondern er soll sich in Werk und Frucht der Tugend üben und sich oft versuchen und erproben und es wünschen, von den Leuten geübt und versucht zu werden.

Und auch damit ist es noch nicht genug, daß man die

Werke der Tugend vollbringe, daß man Gehorsam und Armut und Entsagung auf sich nehme oder daß man sich bei der andern Lebensweise demütig und gelassen verhalte, sondern man soll dahin trachten und nicht nachlassen, bis man die Tugend gewinne in ihrem Wesen und in ihrem Grunde. Und ob man sie habe, das mag man daran prüfen, wieweit man sich vor allen andern Dingen bereit zur Tugend finde. Und wenn man die Werke der Tugend wirkt *ohne* Bereitung des Willens und *ohne* den eigenen Vorsatz, als wolle man nun eine besonders große und gerechte Sache tun, ja wenn sie sich wie von selber tut, rein aus Liebe zum Guten und ohne ein Warum, dann hat man die Tugend vollkommen und eher nicht. Solange lerne man, von sich selber zu lassen, bis daß man nichts Eigenes mehr behält. Alles Gestürms Unfriede kommt allein vom Eigenwillen, ob man's merke oder nicht. Man soll sich selber mit seinen Kräften allen, allem Wunsch und Begehr entwerden, in Gottes guten lieben Willen begraben, mit dem allein man wollen und wünschen darf hinfort.

Eine Frage: Soll man auch süßer Empfindungen mit Willen sich begeben? Oder mag das dann von Trägheit kommen und kleiner Liebe zu ihm? Allerdings, doch muß man einen Unterschied machen! Ob es von Trägheit komme oder von wahrer Abgeschiedenheit und Gelassenheit, das soll man daran erkennen: ob man sich auch hierinne, da man innerlich so ganz und gar verlassen ist, dennoch Gott so getreu befinde, als lebte man im größten Empfinden seiner; und ob man hier-

inne auch alles das tue und um gar nichts weniger, was man (in solchen Gefühlen) täte; und ob man sich von allem Trost und Behelf so fern halte, wie da man's täte, so man Gott gegenwärtig empfände.
Einem rechten Menschen vollkommen guten Willens kann denn auch keine Zeit zu kurz sein. Denn wo ein Wille also steht, daß er gänzlich alles will, was er vermag – nicht allein jetzt: sondern sollt er tausend Jahre leben, er wollte alles tun, was er vermöchte – ein solcher Wille wiegt alles auf, was einer in tausend Jahren im Werk zu tun vermöchte: das hat er alles getan vor Gott.

22. Wie man Gott nachfolgen soll, und vom rechten Beginnen

Der Mensch, der eines neuen Lebens und Wirkens will innewerden, der soll hingehn zu seinem Gott und von dem mit großer Kraft und ganzer Andacht begehren, daß er ihm das Allerbeste füge, wie's Ihm am liebsten und würdigsten sei. Und wolle und meine da nicht das Seinige, sondern Gottes Willen und sonst nichts! Was ihm dann Gott zufügt, das nehme er unmittelbar von Gott und halte es für sein Bestes und sei darin ganz und endgültig zufrieden. Gescheh's dann auch, daß ihm nachmals eine andre Weise besser gefällt, so soll er gedenken: Diese Weise hat Gott dir zugegeben – sie wird für ihn die allerbeste sein. Darin soll er Gott vertrauen und soll jede gute Weise in jene Weise einbeziehen und alle Dinge hinnehmen, welcher Art sie eben seien. Denn was Gott Gutes getan und gegeben in der einen Weise, das kann man auch finden und empfangen in allen guten Weisen: in der einen Weise ergreife man alle guten und nicht nur das Besondere der einen. Denn der Mensch muß je eines tun, er kann nicht alles tun. Er muß je eines sein, in das eine aber soll man alle Dinge einbegreifen. Denn wollte einer alles tun, bald dies, bald das, und von seiner Weise lassen und die eines andern annehmen, weil sie ihm auf einmal besser gefällt, das führte in Wahrheit zu großer Unstetheit. Es würde ja auch eher ein Mensch vollkommen werden, der aus der Welt erstmals in einen Orden träte, als jener, der aus einem Orden in einen andern träte, wie heilig er auch gewesen wäre. Das kommt vom Wechsel der Weise. Der Mensch ergreife eine gute Weise und bleibe immer dabei und fasse in diese alle gute Weise und glaube nur, daß sie von Gott stamme, und beginne nicht heute eines und morgen etwas anderes, und sei ohne alle Sorge, daß er durch die seinige je etwas verabsäume. Denn mit Gott kann man nichts verabsäumen. So wenig als Gott etwas verabsäumen kann, also wenig kann man mit Gott etwas verabsäumen. Darum nimm Eines von Gott und zieh darein alles Gute. Wär es aber, daß es sich nicht vertrüge, daß eins das andere nicht litte, das sei dir ein gewisses Zeichen, daß es nicht von Gott stammt. Ein Gutes ist nie wider das andere, wie denn auch unser Herr sprach: »Ein jeglich Reich, das in sich selber geteilt ist, das muß vergehen«, und abermals: »Wer nicht mit mir ist, der ist wider mich, und wer nicht mit mir sammelt, der zerstreut.« Also sei es dir ein gewisses Zeichen: Wenn ein Gut ein anderes Gut oder etwa ein minderes Gut nicht leidet oder es zerstreut, so ist es nicht von Gott. Es soll fruchten und nicht zerstören. Kurz und wahr gesagt, daß kein Zweifel bleibt: der getreue Gott gibt einem jeglichen Menschen je sein Allerbestes. Und so ist es gewiß wahr: Er nimmt keinen im Liegen, den er auch stehend hätte finden können. Denn Gott in seiner Gottheit sieht jedes Ding so, wie das Ding am allerbesten ist.

Da wird gefragt: »Warum denn Gott die Menschen nicht hinwegnehme, die er als solche kennt, die aus der Taufgnade fallen werden: daß sie stürben in ihrer Kindheit, eh sie noch zu Verstande kämen – da er doch von ihnen weiß, daß sie fallen werden und nicht wieder aufstehn. Das wär ihnen doch ihr Bestes!«

Da sage ich: Gott ist nie Zerstörer eines Gutes, sondern er ist ein Vollbringer. Gott ist nicht ein Zerstörer der Natur, sondern ihr Vollender. Auch die Gnade zerstört die Natur nicht, sondern vollendet sie. Zerstörte Gott die Natur schon im Beginne, so geschähe ihr Gewalt und Unrecht. Das tut er nicht. Der Mensch hat einen freien Willen, mit dem er wählen kann Gut und Übel. Und legt ihm Gott vor im Übeltun den Tod, im Rechttun das Leben, so soll der Mensch frei sein und Herr aller seiner Werke, unzerstört und unbezwungen. Gnade zerstört nicht die Natur, sie vollendet sie – denn Verklärung ist die Vollendung der Gnade.

Also ist nichts in Gott, das zerstörte, was irgend Wesens hat. Sondern er ist ein Vollender aller Dinge. Und so sollen denn auch wir kein kleines Gut noch eine unscheinbare Weise in uns zerstören für eine große, sondern sollen die geringe vollenden zu ihrer Höhe. Also war die Rede »von einem Menschen, der sein Leben sollte von vorn anfangen«, und da sprach so in dieser Weise: daß der Mensch solle werden ein Gottsucher in allen Dingen und ein Gottfinder zu aller Zeit und allerorten und bei allen Leuten auf jede Weise. Und darin kann man allzeit ohne Unterlaß zunehmen und wachsen und an kein Ende kommen des Zunehmens.

23. Von den Werken innerlich und äußerlich

Wollte sich ein Mensch in sich selber zurückziehen mitsamt seinen Kräften, inneren und äußeren, so wäre er in einem Zustand, daß es in ihm keine Vorstellung noch Einmengung gäbe und also auch nicht das geringste Tun, inneres noch äußeres, da sollte man darauf achthaben, ob nicht das Tun sich selber zum Menschen finde. Ist es aber, daß der Mensch sich an kein Werk machen und auf sich nehmen will, so soll man sich stürzen in ein Werk, es sei inwendig oder auswendig. Denn an nichts soll sich's der Mensch genügen lassen, es scheine oder sei auch noch so gut, solang er noch Härte oder Gewaltsamkeit braucht: daß man glauben könnte, da werde der Mensch mehr gewirkt, denn daß er wirke. Man soll aber ein Mitwirken mit seinem Gott lernen! Nicht als ob man seinem Innern entfliehen oder entfallen oder untreu werden sollte, sondern gerade in ihm und mit ihm und aus ihm soll man wirken lernen, so zwar, daß man seine Innigkeit ausbrechen lasse in die Werktätigkeit und die Werktätigkeit hineinziehe in die Innigkeit, daß man also sich gewöhne, überlegen zu wirken. Ja, man soll sein Auge auf dieses inwendige Wirken kehren und von da heraus tätig sein, es sei Lesen, Beten oder, wenn es sich fügt, auch äußeres Werk. Mehr noch: Will das äußere Werk das innere zerstreuen, so folge man dem inneren. Und könnten sie vollends beide in einem geschehen, das wäre das beste, denn so wäre es ein Mitwirken mit Gott.

Nun ist die Frage: Wie soll es da ein Mitwirken geben, da doch der Mensch sich selbst und allem Werk entsunken ist? (Wie ja auch Dionysius sagt: »Der spricht am allerschönsten von Gott, der vor lauter Fülle des inwendigen Reichtums am allertiefsten von ihm schweigen kann.«) Denn da entfällt ihm Bild und Werk, das Lob und der Dank oder was er sonst hervorbringen möchte. Ich antworte: *Ein* Werk bleibt ihm billig und ganz eigentlich: ein Vernichten seiner selbst. Doch kann dies Vernichten und Verkleinern seiner selbst nimmermehr so groß sein, daß es nicht unvollkommen bliebe, vollendete nicht Gott es in sich selber. Dann erst ist dies Sichdemütigen vollkommen genug, wenn Gott den Menschen demütigt durch ihn

selbst. Und damit allein erst wird dem Menschen genug getan und auch der Tugend und eher nicht.
Eine Frage: »Wie soll Gott den Menschen auch durch sich selber vernichten? Es scheint doch, als wäre dieses Vernichten des Menschen ein Erhöhen vor Gott – wie es ja im Evangelium heißt: Wer sich erniedrigt, der soll erhöht werden–?« Antwort: Ja und nein. Er soll sich selber »erniedrigen«, und das gerade kann nicht genügen, Gott tue es denn. Und er soll »erhöht« werden! Nicht als ob dieses Erniedrigen eines wäre und das Erhöhen ein anderes, sondern das Höchste der Höhe liegt in dem tiefen Grunde der Verdemütigung. Denn je tiefer in den Grund etwas hinabreicht, je höher und gewaltiger ist auch seine Höhe; und je tiefer der Brunnen ist, je höher ist er auch: die Tiefe und die Höhe ist eines. Darum, je mehr sich einer erniedrigen kann, um so höher ist er. Und so sprach auch unser Herr: »Wer der Höchste sein will, der werde der Kleinste unter euch!« Wer das eine sein will, der muß das andre werden. Denn zu diesem Sein gelangt man nur durch jenes Werden. Wer der Kleinste wird, der ist in Wahrheit schon der Größte; wer aber der Kleinste schon geworden ist, der ist jetzund der Allergrößte. Und also wird das Wort des Evangelisten wahr und erfüllet: »Wer sich erniedrigt, der wird erhöht.«
Denn all unser Sein liegt an nichts sonst denn an einem Zunichtewerden. »Sie sind reich geworden an allen Tugenden«, also steht geschrieben. Meiner Treu, das kann nimmer geschehen, man werde denn zuvor arm an allen Dingen. Wer alles haben will, der muß alles

fahren lassen, das ist ein gerechter Kauf und Widerkauf, wie ich vor lang einmal sprach. Darum, weil Gott sich selbst und alle Dinge dem Menschen zu seinem freien Eigen gegeben hat, darum will er uns alles Eigenhafte ganz und gar benehmen. Ja, wahrlich, Gott will es nicht, daß wir das zu eigen haben, was unsern Augen gefällt. Denn alle Gabe, die er uns je gegeben, Gabe der Natur wie Gabe der Gnade, gab er nie in anderem Sinne als in dem, daß wir es nicht als Eigentum ansehen sollten. Und anders hat er auch seiner Mutter nicht gegeben noch irgend einem Menschen noch einer Kreatur. Und um uns das zu lehren und einzuschärfen, nimmt er uns oft beides: leiblich und geistlich Gut. Auch die Ehre soll nicht unser Eigen sein, sondern allein sein. Ja, wir sollen alle Dinge innehaben, als ob sie uns geliehen wären und nicht gegeben, ohne alle Eigentümerschaft, es sei Leib oder Seele, Sinne, Kräfte, äußerlich Gut oder Ehre, Freunde, Verwandte, Haus, Hof und alle Dinge. Was will nun Gott damit, wenn er diesen Dingen so sehr nachstellt? Da möchte und muß er allein Herr sein. Hieran liegt ihm seine ganze Wonne und sein Spiel, und je mehr und vollkommener dies geschieht, je größer ist seine Wonne und seine Freude. Denn je eigener uns die *Dinge* werden, je weniger haben wir *ihn* zu eigen, und je weniger wir die Dinge innehaben, um so mehr haben wir ihn mit allem, was er erfüllen kann. Darum, als unser Herr von allen Seligkeiten reden wollte, da setzte er die Armut des Geistes zum Haupte ihrer aller, und sie war die erste zum Zeichen dafür, daß alle Seligkeit und Vollkommenheit samt und sonders ihren Beginn haben in der Armut des Geistes. Und das mit Recht so, denn sie ist der Grund, auf dem alles Gute aufgebaut werden kann; in ihr allein ist der Mensch frei von allem Dies und Das. Daß wir uns ledig der Dinge halten, die außer uns sind, dafür will uns Gott zu eigen geben alles, was im Himmel ist, den Himmel mit aller seiner Kraft, ja alles, was je aus ihm erfloß. Und alles, was die Engel und die Heiligen haben, das ist dann uns so eigen als ihnen. So ich für Gott mich selber verlassen habe, dann kann ein *Ding* mir nicht *so* eigen sein als Gott, wenn er mit allem dem, was er ist und erfüllen kann, mein Eigen wird, ganz so mein wie er sein ist, nicht weniger und nicht mehr. Tausendmal mehr wird er mein Eigen sein, als je ein Mensch ein Ding besaß, das er im Kasten hat, oder als er sich selber je besaß. Nie ward etwas so mein Eigen, als Gott mein soll sein mit allem, was er vermag und ist. Dieses Eigen sollen wir dadurch erwerben, daß wir hienieden weder uns selbst besitzen noch alles was Er nicht ist.

Und je vollkommener und lediger diese Armut ist, um so eigener ist dieses Eigen. Aber solcher Entgelt soll uns nicht in den Sinn kommen, noch erwogen werden, und das Auge soll sich nicht darauf wenden, ob man je etwas gewinne oder empfange – es gelte allein die Liebe zur Tugend.

Je lediger, je einiger! Wie der edle Paulus spricht: »Wir sollen haben, als hätten wir nicht, und doch alle Dinge besitzen.« Der hat nicht Eigentum, der ohne Begehren verzichtet auf sich selber und auf alles, was außer ihm ist, ja auch auf Gott und auf alle Dinge. Willst du wissen, was ein wahrhaft armer Mensch ist? Der Mensch ist wahrlich arm von Geist, der alles das wohl entbehren kann, was ihm nicht not ist. Darum sprach der, der nackt in der Kufe saß, zu dem großen Alexander, der alle Welt unter sich hatte: »Ich bin«, sprach er, »viel ein größerer Herr denn du; denn ich hab' mehr verschmäht, als du erobert hast. Was du groß achtest zu besitzen, das ist mir zu klein, es eigens zu verschmähen.« Der ist viel seliger, der alle Dinge entbehren kann und ihrer nicht bedarf, denn der alles besitzt als Bedürftiger. Der Mensch ist der beste, der das entbehren kann, was er nicht not hat. Darum: Wer am meisten entbehren und verschmähen kann, der hat auch am meisten gelassen. Es scheinet zwar ein groß Ding, daß einer tausend Mark Goldes um Gottes willen gibt und reichlich mit seinem Gelde Klausen baut und Klöster und alle Armen speist, und doch: der wäre viel seliger, der ebensoviel um Gottes willen verschmähte. Der Mensch besäße recht ein Himmelreich, der sich um Gottes willen könnte aller Dinge entschlagen, gleichviel was Gott ihm gäbe oder nicht gäbe.

Nun sagst du: »Ja, Herr, wenn nur eins nicht wäre: das Hindernis meiner Schwäche.« Hast du Schwächen, so bitte Gott oft, ob es nicht seine Ehre sei und ihm gefalle, sie dir abzunehmen, weil du ja ohne ihn nichts vermagst. Nimmt er sie dir ab, so danke ihm; und tut er's nicht, so leidest du es halt in ihm: nun nicht mehr als sündhafte Schwäche, sondern als eine große Übung, mit der du dir ein Verdienst erwerben und Geduld üben sollst. Du sollst zufrieden sein, ob er dir nun seine Gabe gibt oder nicht gibt. Er gibt einem jeglichen nach dem, was ihm fügt. Will man einem einen Rock zuschneiden, so muß man ihn machen nach seinem Maße: der dem einen paßt, der paßt dem andern noch lange nicht; man mißt einem jeglichen so, daß er ihm paßt. Also gibt auch Gott einem jeglichen das Allerbeste, was seiner Weisheit nach sein muß. Fürwahr, wer ihm darin ganz vertraut, der nimmt und hat in der kleinsten Gabe soviel als in der größten. Wollte Gott mir geben, was er St. Paulus gab, ich nehme es, wenn er wollte, gerne. Aber auch wenn er es mir nicht geben will (denn gar wenig Menschen, will er, sollen in ihrem Leben das erfahren) – also wenn mir das Gott nicht gibt, so bleibt er mir doch genauso lieb, ich sag' ihm so großen Dank und bin so gut zufrieden, daß er mir's vorenthält, wie daß er mir's gibt. Das ist mir dann so genug und so lieb, als wenn er täte, was ich will. So soll mir denn genug sein an dem Willen Gottes in allem, was er wirkt oder gibt. Er soll mir in seinem Willen so lieb und so wert sein, daß der mir lieber ist, als wenn er mir eine Gabe gäbe und etwas in mir wirkte: denn so fallen alle Gaben und alles Leben in eins zusammen. Gott und alle Kreatur mögen ihr Bestes oder ihr Ärgstes dazutun, sie können mir das nicht mehr benehmen. Was soll ich denn noch klagen, wo aller Menschen Gaben mein Eigen sind? Wahrlich, so wohl genügt es mir an dem, was mir Gott tut oder gibt oder nicht gibt, daß ich es nicht mit einem Heller vergelten wollte, wenn mir das beste Leben widerführe, das ich mir denken kann.

Nun sagst du: »Ich fürchte, ich setze nicht Fleiß genug daran und sehe mich nicht vor, wie ich es möchte.« Das laß dir leid sein und leide es mit Geduld und nimm es in Frieden für eine fromme Übung. Gott, der leidet gerne Schmach und Ungemach und will seines Dienstes und Lobes gern entbehren, auf daß nur die den Frieden haben, die ihn meinen und ihm angehören. Warum also sollten wir nicht Frieden haben, was immer er uns gebe oder wessen wir entbehren? So steht geschrieben und spricht unser Herr, daß die selig sind, die da leiden um der Gerechtigkeit willen. Wahrlich, könnte ein Dieb, den man jetzund hängen sollte, weil er es mit seinem Stehlen wohl verdient hat, oder einer, der gemordet hat und den man von Rechts wegen entleiben sollte – könnten die in sich erkennen: sieh, du willst das leiden um der Gerechtigkeit willen, die dir billig widerfährt, sie würden unmittelbar selig. Fürwahr, wie ungerecht wir auch seien, nehmen wir von Gott hin, was er uns auch tut, weil Er damit doch wohltut, und leiden um der Gerechtigkeit willen, so sind wir selig. Dann klage auch nicht mehr, ja, ich sage, dann klage allein darüber, daß du noch klagst und daß du dich nicht begnügst. Ja, *das* magst du beklagen, daß du noch zuviel hast, denn mit dem ist es recht bestellt, der empfängt im Darben wie im Haben.

Nun sagst du: »Eja, Gott wirkt doch so große Dinge in vielen Menschen, und sie werden von göttlichem Wesen überkleidet – da wirkt doch Gott in ihnen und nicht sie.« Das danke Gott um ihretwillen, und gibt er dir's auch, in Gottes Namen, so nimm's an. Gibt er dir's nicht, so sollst du willig dran darben und nichts meinen als ihn, unbekümmert darum, ob Gott deine Werke wirke, oder ob du sie wirkest, denn Gott muß sie wirken, wenn du ihn allein meinst, er wolle oder wolle nicht. Kümmere dich auch nicht darum, was Wesens oder Weise Gott jemanden gebe. Wäre ich also gut und heilig, daß man mich zu den Heiligen erheben müßte, so redeten die Leute und forschten wiederum, ob das Gnade oder Natur sei, was in mir ist, und wären darüber verwirrt. Damit tun sie unrecht. Laß Gott wirken in dir, ihm schreibe es zu und kümmere dich nicht, ob er durch die Gnade wirkt oder die Natur. Denn beide sind sein, Natur und Gnade. Was geht dich das an, womit es ihm gefällt zu wirken und was er wirkt in dir oder in einem andern! Er mag wirken, wie und wo und auf welche Weise es ihm gefällt! Es hätte ein Mann gern einen Brunnen geleitet in seinen Garten, und er sprach: »Wenn mir Wassers werden soll, so achte ich dessen nicht, welcher Art die Rinne sei, durch die es kommt, sie sei eisern oder hölzern oder beinern oder rostig – wenn mir nur Wasser wird.« Also tun auch die nicht recht, die sich damit bewirren, wodurch denn Gott seine Werke wirke in dir, ob durch Natur oder Gnade. Laß ihn nur machen und habe du den Frieden! Denn so weit bist du in Gott, als du bist in Frieden, und soweit außer Gott, als du bist außerm Frieden. Ist etwas eins in Gott, das hat auch Frieden: soweit in Gott, soweit im Frieden. Daran erkenne jeweils, wie weit du in Gott bist, und wenn es anders wäre: woher dir dann Friede und Unfriede kommt. Wenn du an Unfriedlichem hängst, so muß dir davon notwendig Unfriede werden, denn der Unfriede kommt von der Kreatur und nicht von Gott.

Auch ist nichts in Gott, das zu fürchten wäre: alles, was in Gott ist, das ist nur zu lieben! Und also ist auch nichts in ihm, was traurig machen müßte.

Wer allein *seinen* Willen hat und *seinen* Wunsch, der hat Frieden. Und das hat niemand, als wessen Wille ganz und gar eins ist mit Gottes Willen. Die Einigung gebe uns Gott! Amen.

Das Buch der göttlichen Tröstung

Der gute Lehrer Sankt Paulus spricht in seiner Epistel diese Worte: Gelobt sei Gott und der Vater unseres Herrn Jesu Christi, ein Vater der Barmherzigkeit und Gott alles Trostes, der uns tröstet in all unsrer Betrübnis. Nun gibt es dreierlei Betrübnis, die den Menschen anfällt und bedrängt in diesem Elend. Die eine liegt im Schaden an äußerem Gut, die andere bei seinen liebsten Freunden, die dritte bei ihm selbst: an seiner Verkanntheit, an Ungemach, an Leibespein und Herzleid.

Und darum bin ich denn willens, in diesem Buche etliche Lehre zu geben, mit der der Mensch sich trösten mag in all seinem Ungemach, in Betrübnis und Leide. Und hat man etliche Wahrheit daraus entnommen, die den Menschen billig und gänzlich zu trösten vermag, so findet man danach bei dreißig Stücke und Lehren, von denen jede allein schon den Menschen wohl zu trösten vermag. Und danach findet man im dritten Teile des Buches Vorbilder und Lehren in Wort und Werk, wie weise Leute getan und gesprochen, als sie waren in Leide.

1.

Zum ersten soll man wissen, daß der Weise und die Weisheit, der Wahre und die Wahrheit, der Gute und die Gutheit, Gerechtigkeit und Gerechter Aug in Auge haften. Die Gutheit ist nicht gemacht, noch geschaffen, noch geboren, sie ist Gebärende und gebiert den Guten, und der Gute, insoweit er gut ist, ist ungemacht, ungeschaffen und doch auch wiederum geboren Kind und Sohn der Gutheit. Die Gutheit gebiert sich und alles, was sie ist, im *guten Wesen*. Wissen, Lieben und Wirken gießt sie mit einem Male in den Guten, und der Gute nimmt all sein Wesen, Wissen, Minnen und Wirken aus dem Innigsten der Gutheit und von ihr allein. Guter und Gutheit sind nicht mehr denn die Gutheit allein, sondern Geborener und Gebärende. Das Gebären der Gutheit und das Geborenwerden des Guten ist allein das Wesen, ein einziges Leben. Alles, was des Guten ist, das empfängt er *von* der Gutheit und *in* der Gutheit. Und hierin ist und lebt und wohnt er und da erkennt er sich selber. Und alles, was er erkennt und liebt, alles das liebt und wirkt er mit der Gutheit, kraft der Gutheit, und die Gutheit in ihm und mit ihm all ihre Werke, wie denn auch geschrieben steht und der Sohn spricht: »Der Vater, der in mir innebleibt und wohnt, wirket meine Werke. Alles, was des Vaters ist, das ist mein; alles, was mein ist, das ist meines Vaters. Sein Geben ist mein Nehmen.«[1]

Auch soll man wissen, daß der Name oder das Wort

[1] Joh. 14, 10. 5, 17. 17, 10.

Gutheit nichts anderes in sich beschließt, nicht mehr und nicht weniger denn bloß und lauter Gutheit. Wenn wir aber sagen: jemand ist gut, so versteht man darunter, daß sein Gutsein ihm eingeflößt und daß es von der ungeborenen Gutheit geboren ist. Und darum spricht das Evangelium[1]: »Wie der Vater hat das Leben in sich selber, also hat er es gegeben dem Sohne, daß er habe dasselbe Leben auch in sich selber.« Er spricht: *in* sich selber, nicht *aus* sich selber, denn der Vater hat es ihm gegeben.

Alles, was ich nun gesprochen habe von dem Guten und von der Gutheit, das ist insgleichen wahr von dem Wahren und von der Wahrheit, von dem Gerechten und der Gerechtigkeit, von dem Wesen und der Weisheit, von Gottes Sohn und Gott dem Vater, von allem dem, was von Gott geboren ist und was auf Erden keinen Vater hat, von allem, in das sich nichts Geschaffenes gebiert, und was Gott ist und kein Bild mehr enthält, nur den bloßen Gott lauter und allein. Denn also spricht ja auch Johannes in seinem Evangelium[2]: daß allen denen Macht gegeben ist und sie Gottes Söhne werden können, die nicht aus dem Blute noch aus dem Willen des Fleisches noch aus dem Willen des Mannes, sondern von Gott und aus Gott allein geboren sind.

Mit dem Blute meint er alles, was am Menschen nicht untertänig ist des Menschen Willen. Mit des Fleisches Willen meint er alles, was im Menschen seinem Willen

[1] Joh. 5, 26.
[2] Joh. 1, 12. 13.

untertänig ist, aber doch mit einem Widerstreit und mit Neigung nach des Fleisches Begehrung, und was dem Leib und der Seele gemeinsam ist und nicht eigentlich der Seele allein zugehört, so daß davon ihre Kräfte müde werden und krank. Mit dem Willen des Mannes meint Johannes die höchsten Kräfte der Seele, der Natur; ihr Wirken ist unvermischt mit dem Fleische, sie stehen in der Seele Lauterkeit abgeschieden von Zeit und Raum und alledem, was zu Zeit und Raum Beziehung hat, wo die Seele mit nichts mehr etwas gemein hat, wo der Mensch nach Gott gebildet ist, wo er von Gottes Geschlecht ist und Gottes Sippschaft. Und doch müssen diese Kräfte, weil sie nicht Gott selber sind, sondern mit der Seele geschaffen, ihrer selbst entbildet werden und in Gott allein überbildet, in Gott und aus Gott geboren werden, daß Gott allein ihr Vater sei: denn also sind sie dann auch Söhne und Gottes eingeborene Söhne. Denn alles dessen Sohn bin ich, was mich nach sich und in sich bildet und gebiert. Ein sogetaner Mensch ist Gottes Sohn, der Gute der Gutheit Sohn, der Gerechte Sohn der Gerechtigkeit. Nur insoweit er Sohn ist, ist er ungeboren gebärend und hat mit der Gerechtigkeit das gleiche Wesen und tritt in alle Eigenschaft der Gerechtigkeit und Wahrheit ein.

Aus aller dieser Lehre, die im heiligen Evangelium geschrieben ist und zuverlässig erkannt wird im natürlichen Lichte der vernünftigen Seele, findet der Mensch wahre Tröstung alles seines Leidens.

Sankt Augustin spricht: Gott ist nicht ferne noch

lange. Willst du, daß er auch dir nicht ferne sei noch lange, so füge dich zu Gott, denn da sind tausend Jahre wie der Tag, der heute ist. Ebenso sage ich: In Gott ist nicht Traurigkeit noch Leid noch Ungemach. Willst du ledig sein alles Ungemachs und Leides, so halte dich und kehre dich in Gott und zu Gott allein. Sicherlich kommt alles Leid davon, daß du dich nicht kehrest an Gott und zu Gott allein. Und stündest du ganz in Gerechtigkeit gebildet und geboren, wahrhaftig, dich könnte so wenig etwas leidig machen als die Gerechtigkeit Gott selber.

Salomon spricht[1]: »Den Gerechten betrübet gar nichts, was ihm geschehen mag.« Er spricht nicht: den gerechten Menschen oder den gerechten Engel oder dies oder das, was etwa gerecht sein kann; denn wovon man sagt, es stehe recht, es sei gerecht, das ist immer Sohn und hat einen Vater auf dem Erdreich und ist Kreatur und gemacht und geschaffen, weil sein Vater Kreatur ist und geschaffen. Aber lauter gerecht und ohne geschaffenen und gemachten Vater und die Gerechtigkeit selber: das ist Gott allein. Darum kann auch Leid und Ungemach den Gerechten also wenig befallen als Gott. Gerechtigkeit kann ihn nicht leidig machen, denn alle Freude, Liebe und Wonne ist Gerechtigkeit. Und wenn Gerechtigkeit den Gerechten leidig machen wollte, so müßte sie sich selber leidig machen. Fremdes und Ungerechtes könnte dem Gerechten nichts anhaben, denn alles, was geschaffen ist, das ist weit unter

[1] Prov. 12, 21.

ihm und übt keinen Eindruck nach Einfluß auf ihn noch gebiert es sich in ihn, dessen Vater Gott allein ist. Darum soll der Mensch beflissen sein, daß er sich entbinde seiner selbst und aller Kreatur, noch einen andern Vater wisse denn Gott allein. So vermag ihn weder Gott noch Kreatur, weder Geschaffenes noch Ungeschaffenes leidig zu machen oder zu betrüben, und all sein Wesen, Leben, Erkennen und Lieben und Wissen ist aus Gott und in Gott und ist Gott.

Noch ist ein andres, das man wissen soll, was *auch* den Menschen tröstet in all seinem Ungemache. Das ist gewißlich dies, daß der gerechte und gute Mensch sich unvergleichlich freut, ja unaussprechlich mehr im Werke der Gerechtigkeit, denn er oder auch der oberste Engel in seinem natürlichen Wesen oder Leben Wonne hat und Freude. Und darum gaben die Heiligen fröhlich ihr Leben um der Gerechtigkeit willen.

Nun sage ich: Wenn dem guten und gerechten Menschen äußerer Schade geschieht, und er bleibt gleichgemut und im Frieden seines Herzens unbewegt, so ist es wahr, was ich gesprochen habe: daß den Gerechten nichts betrübt von allem dem, was ihm geschieht. Wär' es aber, daß er betrübt wird von dem äußeren Schaden, wahrlich, so ist es billig und Gottes Recht, was Gott verhängt hat: daß der Schaden dem Menschen geschehen ist, der da wollte und wähnte gerecht zu sein, da ihn noch so kleine Dinge betrüben konnten. Und ist es denn so Gottes Recht, wahrlich, so soll er sich nicht betrüben, sondern er soll sich viel mehr noch denn seines eigenen Lebens freuen – und dessen freut sich

der Mensch doch mehr und ist einem jeglichen Menschen werter denn diese ganze Welt, denn was hülfe dem Menschen diese ganze Welt, wenn er nicht mehr wäre!
Das dritte Wort, das man wissen mag und soll, ist dies: Von Natur ein einiger Brunnen und lebendige Ader alles Guten, letzter Wahrheit und ganzen Trostes ist Gott allein; und alles, was nicht Gott ist, hat in sich selber natürliche Bitterkeit und Untrost und Leid und mehrt um nichts das Gute, das von Gott ist und Gott allein ist, sondern mindert und bedeckt und verbirgt die Süßigkeit und Wonne und den Trost, den Gott gibt.
Nun sage ich weiter, daß alles Leid kommt von der Liebe zu dem, was mir ein Schaden genommen hat. Ist mir Schade an äußern Dingen leid, so ist das ein Wahrzeichen, daß ich äußere Dinge liebe und wahrlich liebe Leid und Untrost. Was Wunders denn, daß ich leidig werde, wenn ich doch Leid und Untrost liebe, wenn auch mein Herz es sucht und meine Liebe der Kreatur ihr Bestes gibt, das Gottes Eigen ist? Ich kehre mich zu der Kreatur, aus der Untrost von Natur kommt, und kehre mich von dannen, woher Trost und Freude von Natur kommt. Was Wunders denn, daß ich leidig und traurig werde und bin?
Wahrlich unmöglich ist es bei Gott und aller Welt, daß der Mensch wahren Trost finde, der Trost sucht an den Kreaturen. Wer aber in der Kreatur Gott allein liebte, der fände wahren und rechten und gleichen Trost allenthalben.

2.

Nun folgen nach bei dreißig Stücke, deren jegliches allein den weisen Menschen trösten soll an seinem Leide.

Das eine ist: Kein Ungemach und Schaden ist ganz ohne Gemach, und kein Schaden ist lauterer Schaden. Und darum spricht Sankt Petrus, daß Gott in seiner Treue und wesentlichen Güte es nicht leidet, daß ein Leid und Ungemach unleidbar und überschwenglich sei. Er gibt und schafft allzeit etwas Trostes, mit dem man sich behelfen mag. Es sprechen ja auch die Heiligen und die heidnischen Meister, daß Gott und Natur es nicht leiden, daß ein lauter Böses oder Leides sein könne oder gewesen sein.

Nun setze ich, ein Mensch habe hundert Mark. Davon verliert er vierzig und behält die sechzig. Will der Mensch allzeit gedenken an die vierzig, die er verloren hat, so bleibt er ungetrost und reuig. Wie möchte der jemals getröstet sein und ohne Leid, der sich nur an den Schaden kehrt und das Leid? Und beschäftigt sich mit dem und sieht dahin allein und sieht es an mit Leide und spricht mit seinem Schaden, und der Schaden koset wider ihn und beide sehen sich Antlitz in Antlitz? Wär es aber, daß er sich kehrte an die sechzig Mark, die er noch hat, und kehrte den Rücken den vierzig, die verloren sind, und wiederbildete sich in den sechzig und sähe die an und kosete mit ihnen, so würde er sicherlich getröstet. Was etwas ist und gut ist, das vermag zu trösten. Was aber nicht ist noch gut ist noch mein ist

und mir verloren, das muß von Not Leid und Untrost geben und Betrübnis.
Darum spricht Salomon[1]: »In den Tagen des Leids und der Betrübde vergiß nicht der Tage des Guten und der Lust.« Das will sagen: So du bist in Leide und in Ungemach, so gedenke des Guten und des Gemaches, das du noch vor dir hast, und behalt es dir im Auge zu deinem Nutzen. Und auch das soll den Menschen trösten, daß er etwa gedenke, wieviel tausend derer sind, die es, wenn sie deine sechzig Mark hätten, däuchte, daß sie Herren und Frauen wären, und daß sie reich wären und von Herzen froh sein müßten und viel dankbar ihrem Gotte.
Noch aber ist ein anderes, das den Menschen trösten soll. Ist er siech und in großem Schmerze seines Leibes, hat er aber doch sein Haus und seine Notdurft an Speise und Trank und an Rat der Ärzte und an Dienst seines Gesindes, an Bedauern, an Erweisen seiner Freunde – was soll er tun? Was tun denn arme Leute, die dasselbe und noch mehr und größer Ungemach haben, aber niemand, der ihnen auch nur kaltes Wasser gäbe! Sie müssen das bloße Brot suchen bei Regen, bei Schnee, bei großer Kälte von Haus zu Haus. Darum willst du getröstet werden, so vergiß derer, denen da besser ist, und gedenke ganz an die, denen da schlechter ist.
Weiter spreche ich: Alles Leid kommt von Liebe und Minne – ja, Minne und Liebe ist Leides Anfang und Ausgang. Darum, hab' ich Leid um zergängliche

[1] Eccles. 7, 15?

Dinge, so hab' ich und hatte noch Lieb und Minne zu den zergänglichen Dingen und hatte Gott nicht von meinem ganzen Herzen lieb und minne noch nicht, was Gott von mir haben und wie er geliebt sein will. Was Wunders ist dann das, wenn Gott verhängt, daß ich gar billig Schaden leide und Leid?

Sankt Augustin spricht: »Herr, ich wollte dich nicht verlieren, ich wollt aber neben dir besitzen die Kreaturen; das kam von meiner Gier, und darum verlor ich dich, denn dir ist es verhaßt, daß man neben dir – du Wahrheit! – die trügenden Kreaturen besitze.« Er spricht auch anderswo, daß der doch allzu habgierig sei, dem an Gott allein nicht genug ist. Wie möchte dem genügen Gottes Gabe in der Kreatur, dem an Gott und mit Gott nicht genug ist!

Einem guten Menschen soll nicht Genüge noch Trost, sondern ihm soll eine Pein sein alles, was Gott fremd und ungleich ist. Er soll allezeit sprechen: Herr Gott und mein Trost, weisest du mich auf etwas anderes denn zu dir, so gib mir doch einen andern »dich«; denn ich will nichts als dich. Als unser Herr dem Moses alles Gute zugelobte und ihn sandte in das heilige Land, das da bedeutet das Himmelreich, da sagte Moses[1]: O Herr, sende mich nicht, du wollest denn selber mitkommen. Alle Neigung, Lust und Liebe kommt von dem, was dem Menschen gleich ist; denn alle Dinge lieben und neigen sich nach ihresgleichen. Der reine Mensch liebt alle Reinigkeit, der Gerechte liebt und neigt zur

[1] 2. Mos. 33, 15 (?).

Gerechtigkeit, der Mund der Menschen spricht von dem, was ihnen innig ist. Also spricht unser Herr[1], daß der Mund spricht aus der Fülle des Herzens, und Salomon[2] spricht, des Menschen Plage liege im Munde. Darum ist das ein Wahrzeichen, daß Gott nicht ist in eines Menschen Herzen, sondern die tödliche und zeitliche Kreatur, solang es noch draußen Neigung und Trost sucht und findet.

Und darum soll sich ein guter Mensch gar sehr schämen vor Gott und in sich selber, wenn er gewahr wird, daß Gott nicht in ihm ist, und daß Gott der Vater nicht in ihm wirkt, sondern die leidige Kreatur noch in ihm lebt und wirkt. Darum spricht David in dem Psalter[3] und klagt es: »Tränen waren mein Trost Tag und Nacht, dieweil man mir sagt: Wo ist dein Gott?« Denn Neigung auf Außenheit und an Untrost Lust und Trost finden und davon viel und gerne reden, das ist ein Wahrzeichen, daß Gott in mich nicht scheint, nicht wirkt. Noch mehr sollte er sich schämen vor guten Menschen, daß sie dessen an ihm gewahr werden. Ein guter Mensch soll nimmer Schaden beklagen noch Leid, er soll darüber allein klagen, daß er der Klage und des Leides in sich gewahr wird.

Die Meister sprechen, unterhalb des Himmels sei Feuer, weit und breit, durch nichts von ihm geschieden, gewaltig in seiner Glut, und doch berührt es nirgendwo den Himmel. Nun spricht eine andre

[1] Luk. 6, 45.
[2] Eccles. 6, 7.
[3] Ps. 41, 4.

Schrift, daß das Niederste in der Seele edler ist denn des Himmels höchste Höhe. Wie kann denn der Mensch sich vermessen, daß er ein himmlischer Mensch sei und daß sein Herz im Himmel sei, da er noch berührt und leidig von so kleinen Dingen?

Nun spreche ich ein anderes. Ein guter Mensch kann das nicht sein, der da nicht will, daß Gott seinen besonderen Willen habe – denn es kann nicht sein, daß Gott etwas wolle denn Gutes. Und sonderlich darin und davon, daß es Gott will, wird es und ist es von Not gut und sogar das Beste. Und darum lehrte unser Herr die Apostel und uns in ihnen, und wir bitten so alle Tage: daß geschehe Gottes Wille. Und doch! Wenn dann Gottes Wille kommt und wird, so klagen wir und sind traurig und betrübt.

Seneca, ein heidnischer Meister, fragt: Was ist der beste Trost in Leiden und in Ungemach? Und spricht: Das ist, daß der Mensch alle Dinge nehme, als habe er sie so gewünscht und erbeten. Wenn du gewünscht hast und betest, daß alle Dinge in Gottes Willen geschehen, so entzürne nicht, wenn es so geschieht. Es spricht ein heidnischer Meister: Herzog und oberster Vater und alleiniger Herr des hohen Himmels, alles, was du willst, das bin ich bereit: gib mir Willen und einen Willen nach deinem Willen.

Ein guter Mensch soll Gott darin wohl getrauen, glauben und seiner gewiß sein und Gott für so gut kennen, daß es Gott unmöglich sei und seiner Güte und Liebe, daß er es leiden könnte, daß dem Menschen ein Leiden oder Leid zukomme, es sei denn, er wolle dem Men-

schen viel größer Leid damit hinwegnehmen oder auf Erden tiefer trösten oder etwas viel Besseres daraus machen, woran Gottes Ehre weit mehr gelegen ist. Ja wie das auch sei – da es nun einmal Gottes Wille ist, daß es so geschehe, so soll des guten Menschen Wille also mit Gottes Willen eins und einig seien, daß der Mensch mit Gott das gleiche wolle, und wär' es auch sein Schaden und seine Verdammnis. Darum wünscht Sankt Paulus[1], daß er von Gott geschieden wäre durch Gott und um Gottes willen und zu Gottes Ehre.
Ein recht vollkommener Mensch soll an das »Stirb!« so sehr gewöhnt und so in Gott entbildet und in Gottes Willen so überbildet werden, daß es seine ganze Seligkeit ausmacht, sich selber und alles nicht zu wissen und Gott allein zu wissen, nichts zu wissen und auch nichts wissen zu wollen und also Gott zu erkennen, wie Gott ihn erkennt, wie Sankt Paulus spricht. Gott erkennt alles, was er erkennt, und will lieben alles, was er liebt, *in sich selber*, in seinem eigenen Willen. Unser Herr spricht: Das ewige Leben ist Gott erkennen allein. Darum sagen die Meister, daß die Seligen im Himmelreich die Kreaturen erkennen ledig aller Bilder der Kreaturen, die sie erkennen in dem einigen Bilde, das Gott ist und wo Gott sich selber und alle Dinge weiß und liebt und will. Und das lehrt uns beten und begehren Gott selber, da wir sprechen: Vater unser, der da ist in den Himmeln, geheiliget werde dein Name – das ist erkennen bloß allein. Zukomme dein Reich: daß ich

[1] Röm. 9, 3 (?).

nichts achte und wisse denn dein Reich. Davon spricht das Evangelium: Selig sind die Armen des Geistes, das ist dem Willen nach Armen. Und wir bitten Gott, daß sein Wille werde auf Erden, das ist in uns, wie im Himmel, das ist in Gott selber. Ein sogetaner Mensch ist so eins und einwillig mit Gott, daß er alles das will, was Gott will, und in der Weise, wie es Gott will. Und darum – wenn Gott wollte, daß ich auch Sünde getan habe, so wollte ich nicht, daß ich sie nicht getan hätte. Denn so wird Gottes Wille auf Erden, das ist in der Missetat, als auch im Himmel, das ist im Wohltun. So will der Mensch Gottes um Gottes willen entbehren und von Gott um Gottes willen geschieden sein. Und das allein ist rechte Reue über meine Sünde, so ist mir Sünde leid sonder Leid. Also hat Gott Leid über alle Bosheit sonder Leid. Leid, mein meistes Leid habe ich von der Sünde, ja Sünde täte ich nicht um alles, was geschaffen ist, ob auch tausend Welten ewiglich sollten mein sein; doch ein Leid, das keines ist, wenn ich es nehme und schöpfe aus Gottes Willen. Ein sogetanes Leid ist allein vollkommenes Leid, denn es kommt und urspringt aus der lauteren Liebe, der reinen Güte und Freude in Gott. So wird wahr und wird man gewahr, was ich in diesem Büchlein gesprochen habe: daß der gute Mensch, insoweit er gut ist, das ganze Wesen der Gutheit antritt – daß Gott in ihm selber ist.

Nun hab acht, was Wunders für ein Leben hat ein solcher Mensch auf Erden – als wie im Himmel in Gott selber! Ihm dienet Ungemach zu Gemach und Leid soviel als Liebes. Und dabei merke, in demselben sonderlichen Troste: habe ich die Gnade und die Gutheit, von der ich da gesagt habe, so bin ich allezeit und in allen Dingen der gleiche und auch gänzlich getröstet und froh, und hab' ich das nicht, so soll ich sein entbehren durch Gott und um Gottes willen. Will Gott mir geben, wonach ich begehre, so hab' ich es in Gottes Namen und bin in Wonne. Will Gott nicht geben, so entbehre ich im nämlichen Willen Gottes, mit dem er nicht will, und also nehme ich Entbehren hin und Nichtempfangen. Woran gebricht mir's denn? Und sicherlich, eigentlicher erlebt man Gott im Entbehren als im Empfangen. Denn wenn der Mensch empfängt, so hat es die Gabe in sich selber, daß sie den Menschen froh macht und getröstet. So man aber nicht empfängt, so hat man nichts, so findet und weiß man nichts, daß man sich freuen sollte, denn Gott und Gottes Willen allein.

Auch dies ist wiederum ein Grund des Trostes: Hat der Mensch verloren äußeres Gut, seine Freunde, seine Verwandten oder sein Auge oder was das sei, so soll er des gewiß sein: wenn er das leidet um Gott und Gottes willen im guten, so gilt das vor Gott den Preis, und wäre es der höchste, um den er es nie und nimmer willig hätte leiden mögen. Ein Mensch verliert ein Auge: wollte er nun das Auge nicht entbehren um tausend Mark und mehr, so hat er vor Gott und in Gott sich gewiß das alles aufbehalten, was ihn doch nie zum willigen Verlust und Leid bewogen hätte. Und das meint vielleicht unser Herr, wenn er spricht[1]: »Es ist

[1] Matth. 18, 9.

besser, daß du kommest in das ewige Leben mit einem Auge denn mit zweien Augen verloren gehest.« Und das meint vielleicht auch Gott, wenn er spricht[1]: »Wer Vater und Mutter läßt, Schwester, Bruder oder was es sei, der soll es wiederempfangen hundertfältig und ewig leben.«

Noch soll man wissen, daß Tugend haben und leiden wollen gern und geduldiglich ein besonderer Vorzug ist, wie wir's auch in der Natur sehen, daß ein Mensch schöner und kunstreicher ist als der andere. Also sag' ich auch, daß ein guter Mensch wohl ein guter Mensch sein kann und doch berührt werden und mehr oder weniger wanken kann von natürlicher Liebe zu Vater und Mutter und doch nicht abfällig werden von Gott und vom Guten. Und doch – er ist gut oder besser, je nachdem er mehr oder minder getröstet und berührt wird und erfährt von natürlicher Liebe und Neigung zu Vater und Mutter, zu Schwester und Bruder und zu sich selber.

Und dennoch, wie ich schon vorhin gesagt habe: Könnte einer solches Leid als Gottes Willen hinnehmen, der nun einmal der Menschennatur Gebrechen bestimmt hat – in seiner Gerechtigkeit besonders der Sünde des ersten Menschen wegen, und selbst wenn das nicht so gekommen wäre – er wollte um Gottes willen alles Entbehren gerne auf sich nehmen und wäre ganz zufrieden und getrost in seinem Leide. Das

[1] Matth. 19, 29.

meint Johannes[1], wenn er sagt, daß das wahre Licht leuchtet in der Finsternis, und Sankt Paulus[2] spricht, daß die Tugend werde vollbracht in der Schwachheit. Und würde ein Dieb willig und fröhlich den Tod erleiden, wahrlich, ganz und rein nur aus Liebe zur göttlichen Gerechtigkeit in und nach Gottes gerechtem Willen, daß der Übeltätige getötet werde, sicherlich, der würde bewahrt und bliebe selig – denn Gottes Wille ist unser Heil und Seligkeit.

Wieder ein anderer Trost ist: Man findet vielleicht keinen, der nicht jemanden aus den Lebenden so lieb hätte, daß er gerne wollte eines Auges entbehren und blind sein ein Jahr, wenn er darnach sein Auge wiederum bekäme und er seinen Freund also könnte von dem Tode erlösen. Wollte nun ein Mensch ein Jahr entbehren seines Auges um eines Menschen willen und ihn also erlösen von dem Tode, obgleich der doch in kurzen Jahren sterben muß, so soll er des Auges billig und gern entbehren auch die zwanzig oder dreißig Jahre, die er vielleicht zu leben hat. Der Mensch soll entbehren seines Auges, auf daß er sich selber ewiglich selig mache und ewiglich Gott sehend werde in seinem göttlichen Lichte und in Gott sich selber und alle Kreaturen.

Und abermals ist es ein Trost: ein guter Mensch, insoweit er gut ist und aus der Gutheit allein geboren und ein Abbild der Gutheit, dem ist Leid und Bitterkeit und Mangel alles, was geschaffen ist, und es zu verlieren ist

[1] Joh. 1, 5.
[2] 2. Kor. 12, 9.

darum nur ein Loswerden und Verlieren von Leid und Ungemach und Mangel. Und so ist es auch. Wahrlich, Leid verlieren ist ein wahrer Trost; denn alles Ungemach, Leid und Untrost ist äußerliches Gut, und darum soll der Mensch den Verlust nicht beklagen. Er soll es vielmehr beklagen, daß ihm Trost und Gemach unbekannt ist, und daß der rechte Trost ihn nicht tröstet. Und soll es vielmehr beklagen, daß er nicht gänzlich der Kreaturen entbildet ist und nicht eingebildet und gepflanzt und alles Guten ein Abbild.

Auch soll der Mensch gedenken in seinem Leid, daß Gott die Wahrheit spricht und bei sich selber, der Wahrheit, gelobt. Fiele Gott ab von seinem Worte, er fiele ab von seiner Gottheit und wäre nicht Gott – denn sein Wort ist seine Wahrheit. Sein Wort ist, daß unser Leid soll verwandelt werden in Freude. Und wahrlich, wüßt ich das gewiß, daß alle meine Steine sollten verwandelt werden in lauter Gold, je mehr ich dann Steine hätte, und zwar große, je lieber wären sie mir. Und also, spreche ich mit Zuversicht, würde ein solcher Mensch kräftiglich getröstet in allem seinem Leid und Ungemach.

Noch ist ein anderes dem gleich. Kein Faß vermag zweierlei Trank in sich selber zu haben. Soll es Wein haben, man muß von Not das Wasser ausgießen – es muß leer und ledig werden. Darum: Sollst du göttliche Freude empfangen, so mußt du von Not die Kreaturen ausgießen und auswerfen.

Darum spricht Sankt Augustinus: Gieße aus, daß du erfüllt werdest! Verlerne die Liebe, auf daß du Liebe lernest! Kehre dich ab, auf daß du zugekehrt werdest. Kurz gesagt: Alles, was nehmen und empfänglich soll sein, das soll und muß leer sein. Die Meister sagen uns: Hätte das Auge Farbe in sich selber, wenn es wahrnimmt, es erkennte weder die Farbe, die es hat, noch die, die es nicht hat; da es aber ledig ist aller Farbe, dadurch erkennt es alle Farbe. Die Wand hat Farbe an sich und darum erkennt sie ihre eigene Farbe nicht noch Farbe überhaupt und freut sich der Farbe nicht, des Goldes sowenig wie der Kohlenfarbe. Das Auge hat sie nicht und hat sie doch ganz eigentlich, denn es erkennt sie mit Lust und mit Wonne.

Und darum, je makelloser und unverstellter die Kräfte der Seele sind, um so reiner und weitreichender nimmt und empfängt sie dann, hat reichere Wonne und wird tiefer eins mit dem, was sie aufnimmt, bis endlich die höchste Kraft der Seele, die da aller Dinge bloß ist und mit nichts mehr etwas gemein hat, nicht weniger als Gott selber in seinem eigenen Wesen aufnimmt. Darum spricht unser Herr gar deutlich in dem Evangelium[1]: »Selig sind die Armen im Geiste.« Arm ist der, der nichts hat und arm ist in seinem Geiste.

Es will heißen: Wie das Auge, das arm und ledig ist aller Farbe, aller Farbe empfänglich wird, also ist der Arme im Geist aller Geister und alles Geistes empfänglich. Gott ist ein Geist, und die Frucht des Geistes ist Liebe, Friede und Freude. Bloß, arm, nichtshabend, ledig sein wandelt die Natur; ledig sein macht Wasser

[1] Matth. 5, 3.

zu Berg aufklimmen und viel anderes Wunderbare, davon jetzt nicht die Rede sein soll.
Darum: Willst du ganzen Trost und Freude finden in Gott, so sieh zu, daß du ledig seist aller Kreaturen, alles Trostes von den Kreaturen. Wahrlich, alldieweil daß dich trösten und trösten können die Kreaturen, findest du nimmer rechten Trost. So dich aber nichts mehr getrösten kann denn Gott, wahrlich, so tröstet dich Gott und mit ihm und in ihm alles, was Wonne ist.
Könnte der Mensch einen Becher plötzlich leer machen und leer erhalten von allem, was ihn füllen kann, auch von Luft, sonder Zweifel verlöre und vergäße der Becher seiner ganzen Natur, und Leere trüge ihn hinauf bis an den Himmel. Also trägt Bloß-, Arm- und Leersein von aller Kreatur die Seele auf zu Gott in Gott.
Auch zieht hinauf in die Höhe Drang nach Gleichheit und Wärme. Gleichheit teilt man in der Gottheit dem Sohne zu, Wärme und Liebe dem Heiligen Geist. Gleichheit ist allemal, vor allem und besonders aber im göttlichen Wesen Ausgeburt von etwas Einem, und diese Gleichheit aus dem Einen, in und mit dem Einen ist der Anbeginn und Ursprung der heiß ausblühenden Liebe. Das Eine ist unbegonnener Beginn. Gleichheit geht hervor aus dem Einen allein und verdankt ihm Sein und Entquollenheit. Liebe hat das von Natur, daß sie als ein Eines doch von Zweien her urspringt, schlechthin ungeteilt. Zweifaches ist ja Liebe niemals. Zwei in Eines: das gibt notwendig und naturgemäß Liebe – freudig, heiß und sehnend.

Nun spricht Salomon[1], daß alle Wasser und alle Kreaturen eilen und fließen und hinwiderlaufen in ihren Ursprung. Und darum muß auch wahr sein, was ich oft gesagt habe: Ebenbildlichkeit und Liebe drängt und brennt darauf, die Seele hinaufzuleiten und zu bringen in den ersten Ursprung, in das Eine hinein, das unser aller Vater ist im Himmel und auf Erden. Daß sie Gleichnis ist, geboren vom Einen, zieht die Seele in Gott, wie er denn das Eine ist in seiner ungebrochenen Tiefe – und dessen haben wir ein offenbares Zeugnis. Wenn das irdische Feuer das Holz entzündet und entflammt zu Funken, so empfängt es Feuers Natur und wird dem lauteren Feuer gleich, das sonder jedes Mittel am Himmel haftet. Sogleich vergißt und »verläßt es Vater und Mutter, Bruder und Schwester auf Erden« und eilt hinan zum himmlischen Vater. Sein Vater hienieden – des Funkens – ist das Feuer, seine Mutter ist das Holz, Brüder und Schwestern sind die andern Funken. Und ihrer wartet der erste Funke nicht, er eilt und jagt geschwind hinauf zu seinem rechten Vater, der der Himmel ist. Denn wer die Wahrheit ganz erkennt, der weiß wohl, daß nicht das Feuer, so wie es ist, des Funkens rechter Vater ist: der rechte, wahre Vater alles Feuers und aller Glut ist der Himmel.

Und auch das ist noch wohl zu bedenken: daß dies Fünklein nicht allein läßt und vergißt Vater und Mutter auf Erden, noch, es läßt und verzichtet auf sich

[1] Eccles. 1, 7.

selber und kraft natürlicher Liebe kommt es zu seinem rechten Vater, dem Himmel. Denn es muß notwendig erlöschen in der Kälte der Lüfte, aber doch will es seine Liebe beweisen, die es von Natur hat zu seinem wahren himmlischen Vater.

Und wie vorhin gesagt worden vom Leersein, ich meine von der Bloßheit – daß nämlich, je vollkommener bloß und ärmer die Seele und je weniger sie Kreaturen enthält und je leerer ist von allen Dingen, die nicht Gott sind, sie Gott um so reiner erfaßt und sie mehr in Gott und eins in Gott ist und sich selbst in Gott begreift und Gott, wie Sankt Paulus spricht, von Antlitz zu Antlitz sieht, nicht mehr bloß in einem Bilde oder bildlich – so sage ich nun von der Ebenbildlichkeit und von der Liebe Glut: In dem Maße als eines dem andern ähnlicher ist, um so mehr jagt es ihm nach und um so schneller wird es zu ihm hin und um so süßer und wonniger ist ihm sein Lauf, und je mehr es sich von sich selber entfernt und von allem, was nicht jenes Eine ist, dem es nachjagt, immer unähnlicher sich selber und allem, was nicht jenes Eine ist, um so ähnlicher wird es dem, wonach es jagt und hineilt. Und da Ebenbildlichkeit herfließt von dem Einen und zieht und lockt in und mit der Kraft des Einen, darum stillt sich noch begnügt sich, weder was da zieht noch was gezogen wird, bis daß beide in Eins vereinigt sind. Darum spricht der Herr im Propheten Isaias[1] und meint also: Weder Höhe noch Tiefe noch Ähnlichkeit, kein

[1] Is. 40, 4.

Feuer der Liebe genügt mir, bis daß ich selber in meinem Sohn erscheine und selber in der Liebe des Heiligen Geistes entbrannt und entzündet werde.
Unser Herr Jesus Christus bat seinen Vater, daß wir mit ihm und in ihm eins würden, und nicht allein vereinigt, sondern ein einzig Eines. Für dieses Wort und diese Wahrheit haben wir ein offenbares Zeugnis und Beispiel in der äußeren Natur, im Feuer. Wenn das Feuer wirkt und zündet und das Holz in Brand setzt, so macht es das Holz gar fein und sich unähnlich, benimmt ihm das Grobe, Kalte, Schwere und Wasserfeuchte und macht es immer mehr sich selber, dem Feuer, ähnlich. Doch beruhigt noch begnügt noch bescheidet sich sowohl Holz wie Feuer bei keiner noch so großen Wärme und Hitze und Ähnlichkeit, bis daß das Feuer sich selber in das Holz gebiert und ihm seine eigene Natur gibt und ein Wesen, wie es selber hat, also, daß alles nur *ein* Feuer ist, ungeschieden eines ganz und gar. Und also, bis es dazu kommt, ist da immer ein Wüten und Kriegen, ein Kraspeln und Streiten zwischen Feuer und Holz. So aber nun alle Ungleichheit aufgehoben und abgetan ist, so gestillt das Feuer und geschweigt das Holz. Ja fürwahr, ich sage noch mehr: daß die geheime Kraft der Natur so gut wie Anderheit auch Ähnlichkeit heimlich haßt, insofern auch sie noch Unterschied und Zweiung in sich trägt, und sucht in ihr das Eine, das allein es an ihr liebt. So liebt und sucht auch der Mund am Weine Wohlgeschmack und Köstlichkeit; und hätte dann das Wasser den Geschmack der Trefflichkeit, den der Wein

hat, so liebte der Mund den Wein nicht mehr als das Wasser.

Und also habe ich auch gesagt, daß die Seele Ähnlichkeit haßt und sie nicht als solche um ihrer selbst willen liebt, sondern nur um des *Einen* willen, das in ihr verborgen und ein wahrer »Vater« ist, aller Dinge im Himmel und auf Erden ein Beginn sonder allen Beginn. Und darum sage ich: Solange noch Ähnlichkeit zu finden ist und erscheint zwischen Feuer und Holz, so gibt es da auch nimmer wahre Lust und Schweigen, weder Ruhe noch Genügde. Und so sprechen auch die Meister: Das Feuerwerden geschieht mit Widerstreit, mit Weh und Unruh in der Zeit, aber Feuersein ist Lust sonder Zeit und Ferne. Lust und Freude dünken niemand lang und fremd. Alles, was ich da nun gesagt habe, das ist auch in unseres Herrn Wort gemeint: Wenn die Frau das Kind gebiert, so hat sie Leid und Pein; wenn aber das Kind geboren ist, so vergißt sie Leid und Pein. So sprach auch, uns zu mahnen, Gott im Evangelium[1], daß wir bitten sollen den himmlischen Vater, daß unsere Freude vollkommen werde. Und dort[2] sagt auch Philippus: Herr, zeige und weise uns den Vater, so ist es uns genug. Denn »Vater«, das will sagen: das eine, in dem das Gleichseinwollen erschweigt und alles sich stillt, was ist und Begehren hat.

Nun mag der Mensch es klar erkennen, warum und wovon er ungetrost ist in allem seinem Leide, Unge-

[1] Joh. 15, 11.
[2] Joh. 14, 8.

mach und Elend. Das kommt alles nur davon, daß er außerhalb und fern von Gott ist, nicht ledig und entblößt von der Kreatur, Gott ungleich und kalt an göttlicher Liebe.

Und noch etwas ist zu bedenken – wer das sich merken und einsehen wollte, der würde sicher getrost bei äußeren Verlusten, Leid und Ungemach:

Ein Mensch fährt einen Weg, tut eine Arbeit oder läßt eine andere, da geschieht ihm ein Schaden, er bricht ein Bein oder einen Arm, er verliert ein Auge oder wird sonst krank. Will der dann immer nur denken: Wärest du einen anderen Weg gefahren oder hättest ein ander Werk getan, so wäre dir das nicht geschehen, so bleibt er ungetröstet und wird notwendig voll Leid. Und darum soll er bei sich denken: Und wärest du nun einen andern Weg gefahren oder hättest ein ander Werk getan oder gelassen, dir wäre ein viel größerer Schaden und Leid geschehen, und so würde er wohl getröstet und froh von Herzen.

Oder ich setze diesen Fall: Du hast tausend Mark verloren, so sollst du nicht klagen um die tausend Mark, die verloren sind; du sollst Gott danken, der dir die tausend Mark gegeben hat, die du nun verlieren konntest oder auch lassen, um die Tugend der Geduld zu üben und ewiges Leben zu verdienen, das viel tausend Menschen nicht haben. Und noch einen Fall setze ich, der den Menschen trösten mag. Ein Mensch, der manches Jahr sein gutes Wohlbehagen besessen und das durch ein Verhängnis nun verliert, so ein Mensch soll verständig denken und Gott danken,

wenn er des Schadens gewahr wird und des Ungemachs, das er hat, und dann erst weiß er, wieviel Wohlergehens und Gemachs er vordem hatte, und soll Gott für dieses danken, dessen er so manches Jahr hindurch genossen hat, und er entzürne nicht.
Er soll bedenken, daß der Mensch von Natur aus nichts aus sich selber hat denn Bosheit und Gebresten; alles, was gut ist, das hat Gott ihm geliehen und nicht geschenkt, und wer die Wahrheit erkennt, der weiß, daß Gott der himmlische Vater, dem Sohne und dem Hl. Geiste alles gibt, was gut ist – aber der Kreatur schenkt er nichts Gutes, sondern leiht es ihr auf Borg. Die Sonne gibt der Luft Hitze, aber das Licht gibt sie ihr nur auf Borg, und darum: sobald die Sonne untergeht, so verliert die Luft das Licht, aber die Wärme bleibt, denn die ist der Luft zu eigen gegeben. Und also sprachen auch die Meister, daß der himmlische Vater dem Sohne Gottvater ist und nicht Herr, noch auch dem Hl. Geiste Herr. Aber Gott Vater, Sohn und Heiliger Geist sind Herren und ein Herr der Kreaturen. Wir sagen also, daß Gott war und ist ewiglich Vater: aber indem er die Kreatur erschafft, da ist er Herr. Nun sage ich, seitdem nun einmal dem Menschen alles, was gut und tröstlich ist, auf Borg geliehen ist, was hat er denn da zu klagen, wenn Gott es wieder nimmt oder nehmen will? Er soll doch Gott danken, daß er es ihm so lange geliehen hat. Auch soll er ihm danken, daß er nicht alles auf einmal wieder wegnimmt, was er verliehen hat, und das wäre doch nur billig bei einem Menschen, der zornig wird, daß Gott ein Teil von dem, was

er ihm verliehen hat, wieder wegnimmt, da es doch nie sein ward und er auch nie darüber Herr gewesen. So spricht auch Jeremias, der Prophet, gar wohl, da er in großen Leiden und Klagen war: »Oh, wie groß und mannigfaltig sind Gottes Erbarmungen, daß wir nicht allzumal zunichte werden!« Wer mir seinen Rock geliehen hat, Wams und Mantel – nähme der seinen Mantel wieder und ließe mir im Froste Rock und Wams, dem müßte ich gar sehr danken und froh sein. Und man soll sich's wohl merken, wie schwer es unrecht ist von mir oder sonst einem Menschen, wenn wir irgend zürnen und klagen, so wir etwas verlieren. Denn wenn ich will, daß das Gut, das ich habe, mir geschenkt sei statt geliehen, so will ich Herr sein und will Gottes Sohn von Natur sein und vollkommen, und ich bin doch nicht einmal Gottes Sohn von Gnaden. Denn Eigenschaft des Sohnes und des Heiligen Geistes ist es, sich gleich zu bleiben in allen Dingen der Welt.

Auch soll man unbezweifelt dies erkennen: daß schon natürliche menschliche Tugend so edel und so kräftig ist, daß ihr kein äußeres Werk zu schwer ist oder groß genug, daß sie sich nicht daran erweisen könnte und darin erbilden. Und darum gibt es ein inneres Werk, das nicht von Zeit noch Raum beschlossen und einbegriffen wird, und in demselben ist, was Gott und göttlich und Gott gleich ist, den weder Zeit noch Raum beschließt. Es ist allenthalben und allzeit gleich gegenwärtig und auch darin Gott gleicher denn irgend eine Kreatur, da sie Gott nie vollkommen aufnehmen noch Gottes Güte in sich ausbilden kann. Und also muß es

etwas Innigeres und Höheres geben, ungeschaffen, ohne Maß und Weise, darein sich der himmlische Vater ganz hineinbilden und ergießen kann und auch erzeigen: das ist der Sohn und der Heilige Geist.
Dieses innere Werk der Tugend vermag nun keiner zu verhindern, so wenig als man Gott hintanhalten kann. Dies Werk scheint und leuchtet Tag und Nacht, dies Werk lobt und singt Gottes Lob und einen neuen Gesang. Spricht ja David[1]: »Singet Gott einen neuen Gesang, denn sein Lob reicht bis an die Enden der Erde.« Das äußere Werk ergreift Gott nicht, das Zeit und Raum beschließen, das enge ist, das gehindert und vereitelt werden kann, das müde und alt wird von Zeit und Gewohnheit. Das (rechte) Werk ist, Gott lieb haben, das Rechte und das Gute wollen: dann hat der Mensch alles das, was er will und durch alle guten Werke auch gerne täte, mit lauterem, ganzem Willen jetzund schon getan (– auch darin Gott vergleichbar, von dem David[2] schreibt, daß bei ihm alles, was er jetzund getan und gewirkt haben will, schon vollbracht ist.
Für diese Lehre haben wir ein offenbares Beispiel am Steine. Sein äußeres Werk ist, daß er niederfällt und auf der Erde liegen bleibt. Dies Werk kann gehindert werden, dann fällt er nicht immerfort ohne Unterlaß. Aber ein anderes Werk ist dem Steine noch inniger, das ist ein stetes Streben niederwärts, und das ist ihm angeboren. Das kann ihm weder Gott noch Kreatur noch

[1] Ps. 47, 11.
[2] Ps. 134, 6.

sonstwer benehmen. Dies Werk wirkt der Stein ohne Unterlaß, Nacht und Tag. Ob er tausend Jahre dort oben liegt, er strebt hinab nicht weniger und nicht mehr als an dem ersten Tag. So sage ich billig auch von der Tugend, daß sie ein innerliches Werk hat: Hinwollen und Neigen zu allem Guten, ein Wegeilen und Loskämpfen von allem, was böse und übel, Gott und dem Guten fremd ist. Je böser und gottfremder das Werk ist, je größer auch ihr Widerstreit; je höher das Werk ist und gottähnlicher, um so leichter, fröhlicher und williger gelingt es ihr. Und ihr ganzes Klagen und Leiden, wenn Leid sie befallen kann, ist nur dies, daß dieses Leiden für Gott zu klein ist und alle äußeren zeitlichen Werke zu klein sind, als daß jene sich ganz und voll darin erweisen und erbilden könnte. Und durch Übung wird sie kräftiger, und vom Geben wird sie reicher. Sie möchte das Leiden nicht schon überstanden haben, sie will und möchte allezeit ohne Unterlaß um Gottes und des Guten willen leiden. Ihre ganze Seligkeit ist leiden für Gott, nicht: gelitten haben. Wie denn auch unser Herr spricht: »Selig sind, die da leiden um der Gerechtigkeit willen.« Er sagt nicht: die gelitten haben. Ein solcher Mensch haßt das Gelittenhaben, denn Gelittenhaben ist nicht das Leiden, das er liebt; es ist ihm ein Entgang und Verlust des Leidens für Gott, das allein er liebt. Und darum sage ich, daß ein solcher Mensch auch das Leidenwerden haßt, weil das auch kein Leiden ist. Doch haßt er weniger das Leidenwerden als das Gelittenhaben; denn Gelittenhaben ist weiter weg von Leiden, schon

gänzlich vergangen; daß er aber einmal leiden soll, das raubt ihm nicht ganz das Leiden, das er liebt.
Sankt Paulus spricht, daß er um Gottes willen entbehren wollte, wenn dadurch Gottes Lob und Ehre gemehrt und ausgebreitet würde. Und es heißt, daß Sankt Paulus so spreche zu einer Zeit, als er noch nicht vollkommen war. Ich aber bin der Meinung, dieses Wort komme aus einem vollkommenen Herzen. Es heißt auch, er habe sagen wollen, er wollte von Gott eine Weile lang gesondert und geschieden sein. Da sage ich: Ein vollkommener Mensch würde sich von Gott so ungern scheiden oder sondern, als ihm dann eine Stunde schmerzlich wie tausend Jahre wäre. Und doch, wäre es Gottes Wille und seine Ehre, ihn zu entbehren, so fielen ihm tausend Jahre oder eine Ewigkeit so leicht wie ein Tag, eine Stunde.
Auch darin ist das innere Werk göttlich, gotthaft und göttlicher Art teilhaftig, daß gleichwie alle Kreatur, und wenn es tausend Welten wären, Gott nicht um Haaresbreite besser macht, als er aus sich allein ist – also sage ich auch und habe es vorhin schon gesagt, daß das äußere Werk mitsamt seiner Länge und Breite, seiner Fülle und Größe den Wert des inneren Werkes um gar nichts vermehrt: es hat seinen Wert in sich selber. Darum kann das äußere Werk niemals klein sein, wenn das innere groß ist, und das äußere kann niemals groß und gut sein, wenn das innere schwach ist oder ganz fehlt. Ja, das innere Werk hat in sich immer schon inbegriffen alle Größe, Länge und Weite des äußeren Werks. Wer all sein Wesen von nirgend

anders her empfängt und schöpft als nur aus Gott und Gottes Herzen, den nimmt Gott zum Sohne, daß er als Sohn geboren wird in des himmlichen Vaters Schoße. Nicht so steht es um das äußere Werk. Dieses empfängt seinen göttlichen Wert nur vermittels des inneren Werkes; im äußeren ist das innere hinausgetragen und ergossen, gleichwie der Niederstrom der Gottheit sich umkleidet mit Mannigfaltigkeit, obzwar das alles und seinesgleichen zusamt seinen Abbildern Gott fern und fremd ist. Das innere Werk haftet und gründet und mündet im reinen Guten; die Kreatur aber ist gänzlich blind für das Gute und Licht an sich und jenes eine, worin Gott gebiert seinen eingeborenen Sohn und in diesem alle, die Gottes Kinder sind und seine geborenen Söhne. Hier ist der Ausfluß und Ursprung des Heiligen Geistes, von dem allein, weil er Gottes Geist ist und *ein* Geist mit Gott selber, der Sohn empfangen wird in uns. Und hier ist der Ursprung all derer, die Gottes Söhne sind, je nachdem sie mehr oder weniger lauter aus Gott allein geboren sind, die nach Gott und in Gott überbildet sind und entrückt aller Vielheit, der man doch sogar noch bei den höchsten Engeln, wie es ihre Natur mit sich bringt, begegnet.
Wer aber das innere Werk ganz erfassen will, entschlägt sich auch des Gutseins, der Wahrheit und all dessen, was auch nur in unserem Denken und durch seinen Namen allein schon die Vorstellung und den Schatten der Begrenztheit erleidet, und gibt sich dem einen hin, der entblößt ist von aller Vielfalt und Bestimmbarkeit, in dem sich alle begriffliche Begren-

zung und Aussage verliert und nur ein entkleidetes Eines ist aus Vater, Sohn und Heiliger Geist. Und das Eine, das macht uns selig! Und je ferner wir diesem Einen sind, um so weniger sind wir Sohn und Söhne und entspringt und erfließt aus uns minder vollkommen der Heilige Geist. Je näher wir also dem Einen sind, um so mehr sind wir in Wahrheit Gottes Sohn und Söhne und fließt von uns Gott der Heilige Geist. Das ist gemeint, wenn unseres Gottes Sohn in der Gottheit spricht[1]: »Wer von dem Wasser trinkt, das ich gebe, in dem entspricht ein Brunn, ein Ursprung des Wassers, das da springt ins ewige Leben.« Und Sankt Johannes[2] sagt, daß dies gesprochen sei vom Heiligen Geist.

Der Sohn in der Gottheit gibt gemäß seiner Eigenschaft nichts anderes denn Sohneswesen, gottgeboren Wesen, Brunn und Ursprung und Ausfluß des Heiligen Geistes, der Liebe Gottes, und den vollen ganzen Genuß des Einen, des himmlischen Vaters. Darum spricht des himmlischen Vaters Stimme vom Himmel herab zum Sohne[3]: »Du bist mein geliebter Sohn, in dem ich geliebt und selig bin, an dir habe ich mein Wohlgefallen.«

Sonder Zweifel: Keiner liebt Gott völlig und rein, der nicht Gottes Sohn ist. Denn die Liebe, der Heilige Geist, urspringt und fließt aus dem Sohn, und der Sohn liebt den Vater um seiner selbst willen, den Vater

[1] Joh. 4, 14.
[2] Joh. 4, 24.
[3] Matth. 3, 17.

in sich selbst und sich selbst in dem Vater. Darum spricht auch unser Herr[1] gar wohl, daß sie selig sind, die Armen im Geiste, das heißt: die nichts vom eigenen menschlichen Geiste behalten und bloß zu Gott kommen. Und Sankt Paulus[2] spricht: »Gott hat es uns geoffenbart in seinem Geiste.«
Sankt Augustinus spricht, daß die Schrift der am allerbesten versteht und vernimmt, der alles Geistes bloß die Wahrheit der Schrift in ihr selber sucht, das ist in dem Geiste, darin sie geschrieben ist und gesprochen: in Gottes Geist. Sankt Peter[3] spricht, daß alle die heiligen Gottesmänner gesprochen haben im Geiste Gottes. Sankt Paulus[4] spricht: »Niemand kann erkennen noch wissen, was in dem Menschen ist, als der Geist, der in dem Menschen ist, und niemand kann wissen, was in Gott ist, als der Geist Gottes und Gott.« Darum bemerkt gar wohl eine Stelle in einer Auslegung, daß niemand Sankt Pauli Schrift begreifen noch lehren kann, er habe denn den Geist, in dem Sankt Paulus sprach und schrieb. Und das ist meine ganze Klage, daß ungeschlachte Leute, die weit weg sind von Gottes Geist und ihren groben menschlichen Sinn noch nicht abgelegt haben, beurteilen wollen, was sie hören oder lesen in der Schrift, die geschrieben ist vom und im Heiligen Geiste, und nicht bedenken, was da geschrieben steht: Was unmöglich ist bei den Menschen, das ist

[1] Matth. 5, 3.
[2] Röm. 1, 19.
[3] 2. Petr. 1, 21.
[4] 1. Kor. 2, 11.

möglich bei Gott und ihm sogar gewohnt und natürlich. Was unmöglich ist der niederen Natur, das ist der höheren Natur gewöhnlich und natürlich. Und nun merket auch auf das, was ich vorhin gesprochen habe: daß ein guter Mensch, Gottes Sohn in Gott geboren, Gott liebt um seinetwillen und in sich selber – und manch andere Worte, die ich früher gesprochen habe, und wie ich oft auch dies gesagt habe: daß ein guter Mensch, aus dem Guten und in Gott geboren, eintritt in alle Eigenschaft der göttlichen Natur. Nun ist nach Salomons Worten *das* Gottes Eigenschaft, daß Gott alle Dinge um seinetwillen tut, das heißt, daß er nichts außer sich selbst ansieht, nichts tut als um seiner selbst willen: er liebt und schafft alle Dinge für sich selbst. Darum, wenn der Mensch sich selber und alle Dinge nur Gottes wegen und zu seiner Ehre allein liebt, und wenn er alle seine Werke nicht um Lohn, um Ehre oder um Wohlergehen vollbringt, so ist das ein Zeichen, daß er Gottes Sohn ist.

Und weiterhin: Gott liebt um seinetwillen und schafft alle Dinge für sich, das heißt, er liebt um der Liebe und schafft um des Schaffens willen; ja, sonder Zweifel hätte Gott seinen eingeborenen Sohn nicht von Ewigkeit her geboren, wäre nicht Geborenhaben dasselbe wie Gebären. Und darum sprechen auch die Heiligen: daß der Sohn solcherart von ewig geboren sei, daß er doch ohne Unterlaß noch immer geboren wird. Auch hätte Gott die Welt nie geschaffen, wenn Erschaffensein nicht gleich wäre mit Erschaffen: so hat denn auch Gott die Welt also erschaffen, daß er sie ohne Unterlaß

auch erschafft. Alles, was man vergangen heißt oder zukünftig, das ist Gott fremd und ferne.
Und darum: Wer von Gott geboren ist als Gottes Sohn, der liebt Gott um seinetwillen, das heißt, er liebt Gott um des Gottesliebens willen und wirket all sein Tun als ein Für-Gott-Tun. Und ein solcher wird des Liebens und Wirkens nimmer müde, und auch für ihn ist alles, was er liebt, nur eine Liebe. Und darum ist es wahr, daß Gott die Liebe ist, und es ist so, wie ich vorhin schon sagte: daß der gute Mensch allezeit ein Leiden um Gottes willen haben möchte, nicht nur gelittenes Leiden. Er hat, was er liebt: Leiden für Gott. Er erleidet Gott, und darum ist er Gottes Sohn, nach Gott und in Gott gebildet. Ein solcher liebt um seiner selbst willen, das heißt, er liebt um der Liebe und wirkt um der Werke willen. Gott liebt und wirkt ohne Unterlaß, und Gottes Wirken ist seine Natur, sein Wesen, sein Leben, seine Seligkeit. Und wahrlich, so will auch der Gottsohn, der gute Mensch, soweit er Gottes Sohn ist, für Gott leiden, für Gott wirken, und das ist sein Wesen, sein Leben, sein Wirken, seine Seligkeit. Und also spricht unser Herr[1]: »Selig sind, die da leiden um der Gerechtigkeit willen.«
Und weiterhin sag ich zum dritten Male: daß der gute Mensch, soweit er gut ist, Gottes Eigenschaft hat nicht allein darin, daß er liebt und wirkt für Gott, den er da liebt und durch den er wirkt, sondern er, der da liebt, liebt und wirkt auch um seiner selbst willen. Denn was

[1] Matth. 5, 10.

er liebt, das ist Gott Vater, ungeboren; und der da liebt, ist Gottsohn, geboren. Nun ist der Vater im Sohne und der Sohn im Vater: Vater und Sohn sind eins im Heiligen Geiste. (Davon, wie der Seele Innerstes und Höchstes schöpft und in sich nimmt Gottes Sohn, und wie wir Gottes Sohn werden in des himmlischen Vaters Schoße und Herzen, das suche nach dem Ende dieser Worte in der Rede »Vom edlen Menschen«.

Man bedenke auch dies: In der Natur ist ein Eindruck und Einfluß aus der höheren Natur jeglichem Wesen lustlicher und wonniger, als ihm seine eigne Natur und Wesen ist. Das Wasser fließt von eigener Natur niederwärts zu Tal, sein Wesen verlangt das so. Aber kraft des Eindruckes und Einflusses des Mondes droben am Himmel verläßt und vergißt es seine eigene Natur und fließt bergan in die Höhe, und dieses Hinauffließen ist ihm viel leichter als das Fließen niederwärts.

Daraus soll ein rechter Mensch erkennen, daß es ihm Weisheit und Freude sein müßte, seinen natürlichen Willen zu lassen, auf sich selber zu verzichten und aus sich auszugehen bei allem, was Gott ihm zu leiden gibt. Das ist nach einer guten Auslegung gemeint, wenn unser Herr spricht[1]: »Wer zu mir kommen will, der soll seiner selbst entsagen, soll auf sich verzichten und soll sein Kreuz aufnehmen«, das heißt, er soll alles von sich abtun, was Kreuz und Leid ist. Ja freilich! Wer auf sich selber verzichtet hätte und wäre ganz aus sich herausgegangen, für den möchte es kein Kreuz noch Leiden

[1] Matth. 16, 24.

geben, ja es wäre ihm alles Wonne, Freude und Herzenslust, und ein solcher käme und folgte wahrlich Gott. Denn so wie nichts Gott betrüben noch leiden machen kann, ebenso wenig könnte einen solchen Menschen etwas bekümmern oder leidig machen. Und wenn unser Herr spricht: »Wer zu mir kommen will, der verzichte auf sich selbst und hebe sein Kreuz auf und folge mir«, so ist das nicht allein ein Gebot, wie man da wähnt und gemeinhin ausspricht, es ist ein Glaube und eine göttliche Lehre, wie so dem Menschen all sein Leiden, all sein Tun und Leben wonnig und fröhlich wird – ja, es ist eine Segnung mehr denn ein Gebot. Denn der Mensch, der so beschaffen ist, hat alles, was er will, und will sonst nichts. Auch das ist Seligkeit, daher auch unser Herr spricht: »Selig, die da leiden um der Gerechtigkeit willen.«

Und wenn dann unser Herr spricht: »Der verzichte auf sich selber und hebe sein Kreuz auf und komme zu mir«, so will er damit sagen: auf daß er Sohn werde, wie ich als Sohn geboren bin; Gott ist dasselbe Eine, das ich bin, und aus dem ich schöpfe, mit meinem Wesen innebleibend in des Vaters Schoß und Herzen. Es spricht ja der Sohn[1]: »Vater, ich will, daß, wer mir nachfolgt und zu mir kommt, da sei, wo ich bin.« Niemand kommt wirklich zum Sohn, so wie er Sohn ist, als der gleicherweise Sohn wird; und niemand ist, der Sohn sein könnte, als der in des Vaters Schoß und Herzen ist, eins in dem Einen, wo der Sohn ist.

[1] Joh. 17, 24.

»Ich«, spricht der Vater[1], »will sie führen in eine Wüste und da sprechen zu ihrem Herzen.« Herz zu Herzen, eins in Einem liebt Gott. Alle Fremdheit und Ferne haßt Gott. In Eines lockt und zieht Gott, Eins sucht alle Kreatur, auch die niedrigste Kreatur sucht Eins. Auf daß dieses an sich erfahren die höchsten Kreaturen und hinausgezogen über ihre Natur und überbildet das in sich selber Eine suchen, deshalb wohl spricht der Sohn Jesus Christus in der Gottheit[2]: »Vater, wo ich bin, da soll auch sein, wer mir dient, mir folgt und zu mir kommt.«

Und noch einen Trost gibt es. Man soll bedenken, daß es keiner Natur möglich ist, ein Wesen zu zerbrechen, zu verderben oder auch nur zu erregen, ohne daß sie ein Besseres, als was sie berührt, daraus fördern will. Ihr ist es nicht genug, aus allem ein Gleiches, sie will aus allem ein Besseres schaffen. Was ein rechter Arzt ist, der berührt den kranken Finger des Menschen nicht, um dem Menschen weh zu tun, er möchte den Finger selbst und den Menschen völlig heilen und ihm wohltun. Kann er den Menschen und auch den Finger heilen, er tut es wahrlich gerne. Kann das aber nicht sein, so schneidet er den Finger ab, damit er den Menschen heile. Es ist ja viel besser, den Finger zu opfern und den Menschen zu erhalten, als daß beide, der Finger und der Mensch, verderben. Besser ein Schaden als zweie, zumal wo der eine viel größer wäre als der andere.

[1] Js. 2, 16.
[2] Joh. 12, 26.

Man bedenke auch, daß Finger und Hand und jedes Glied den Menschen, dessen Glied er ist, viel lieber hat als sich selber und ohne Bedenken gern und fröhlich sich in Not und Schaden begibt für den Menschen. Wahr ist, was ich sage: daß ein solches Glied sich selber überhaupt nicht liebt, sondern nur den, durch den und für den es ein Glied ist. Darum wäre es, stünd' es nur recht um uns, billig und natürlich, daß wir uns selber nur durch Gott und in Gott liebten. Und wenn das, so wäre uns Licht und Wonne all das, was Gott von uns und in uns wollte; zumal sobald wir wüßten und gewiß wären, daß Gott noch viel weniger Gebreste und Schaden zuläßt, es sei denn, er sieht und meint darin viel größeren Segen. Wahrlich, wer das Gott nicht zutraut, dem geschieht nur recht, daß er Leid und Ungemach habe.

Und abermals ein Trost. Sankt Paulus spricht[1], daß Gott alle die züchtigt, die er zu Söhnen erwählt und aufnimmt. Es gehört dazu, wer Sohn ist, daß der auch leide. Weil Gottes Sohn, wie er ewig ist in der Gottheit, nicht leiden konnte, darum sandte ihn der himmlische Vater in die Zeit, daß er Mensch würde und leiden könnte. Willst du nun Gottes Sohn sein und doch nicht leiden, so hast du gar unrecht. Im Buche der Weisheit[2] steht geschrieben, daß Gott prüft und versucht, wer gerecht sei, so wie man Gold prüft und brennt im Feuerofen. Es ist ein Zeichen, daß der König oder ein Fürst auf einen Ritter wohl vertraut, wenn er ihn in den

[1] 1. Kor. 11, 32.
[2] Weish. 3, 5. 6.

Vorstreit schickt. Ich habe einen Herrn gekannt, der zuweilen, wenn er einen in sein Gefolge aufgenommen hatte, den bei Nacht aussandte, ihn dann selber anritt und mit ihm focht. Und da geschah es einmal, daß er von einem, den er auch so versuchen wollte, beinah getötet worden wäre, und diesen Knecht hielt er danach lieb und wert.

Wir lesen, wie Sankt Antonius in der Wüste einst ganz besonders schwer von den bösen Geistern zu leiden hatte. Und als er seine Anfechtung überwunden hatte, da erschien ihm unser Herr sichtbar und in Freuden. Da sprach der heilige Mann: »Ach, Herr, wo warst du nur bis jetzt, als ich in so großer Not war?« Da sprach unser Herr: »Ich war hier, wie ich es jetzt bin. Aber ich verlangte gern zu sehen, wie fromm du wärst.« Silber und Gold ist wohl rein; doch will man daraus ein Gefäß machen, aus dem der König trinken soll, so brennt man das weit mehr als ein anderes. Darum steht auch von den Aposteln geschrieben[1], daß sie sich freuten, würdig zu sein, Schmach und Ungemach zu leiden für Gott.

Und weiter! Gottes Sohn von Natur wollte in Gnaden Mensch werden, damit er für dich leiden könne, und da willst du Gottes Sohn werden und nicht Mensch sein – um nicht leiden zu können und zu müssen für Gott und für dich selber? Und wollte doch der Mensch auch wissen und bedenken, wie so große Freude fürwahr nach seiner Weise Gott selber und alle Engel und

[1] Apostelg. 5, 41.

alle, die Gott kennen und lieben, an der Geduld des Menschen haben, wenn er um Gottes willen Leid und Ungemach und Schaden trägt – wahrlich, er könnte billig damit allein schon sich trösten. Der Mensch gibt doch auch sein Gut hin oder leidet Ungemach, um seinen Freund damit zu erfreuen und ihm ein Liebes zu erweisen. Und denke dir gar erst: es hätte ein Mensch einen Freund, der seinetwegen in Leiden wäre, in Schmerz und Ungemach, wahrlich, da wäre es gar billig, daß er bei ihm wäre und ihn tröstete mit seiner eigenen Gegenwart und allem Zuspruch, den er vermöchte. Wie unser Herr im Psalter spricht[1] von einem guten Menschen, daß er mit ihm sei im Leiden. Diesem Worte kann man siebenfach Lehre und Trost entnehmen.

Fürs erste, was Sankt Augustinus spricht, daß die Geduld im Leiden um Gottes willen besser sei, erhabener und edler denn alles, was man dem Menschen wider seinen Willen wegnehmen könnte, nämlich alles äußere Gut. Weiß Gott, man findet unter allen, die diese Welt lieben, keinen so reich, daß er nicht willig und gern großen Schmerz und Leid auf lange hin auf sich nähme, wenn er danach gewaltiger Herr wäre über diese ganze Welt.

Fürs zweite ziehe ich dieses Wort, das Gott spricht, er sei mit dem Menschen in seinem Leiden, nicht nur an, sondern ich folgere daraus und spreche also: Ist Gott mit mir im Leiden, was will ich dann noch mehr und

[1] Ps. 33, 19, 20.

sonst? Da will ich doch nichts anderes, ich will, wenn es recht mit mir, nicht mehr als Gott. Es spricht Sankt Augustinus: Der ist gar habgierig und unweise, dem nicht genug ist an Gott. Wie kann dem Menschen an Gottes Gaben, äußeren oder inneren, genug sein, wenn ihm nicht Gott selber genug ist! Darum spricht er anderswo: »Herr, weisest du uns von dir, so gib uns einen andern, der *du* ist, denn wir wollen nichts als nur dich.«

So steht auch geschrieben in der Weisheit Buche[1]: »Mit Gott, der ewigen Weisheit, ist mir zumal gekommen alles Gute miteinander.« Das heißt, einer Auslegung gemäß, daß niemals gut ist noch gut sein kann, was da kommt ohne Gott, und daß alles, was da kommt mit Gott, gut ist, und allein dadurch gut, daß es mit Gott kommt. Von Gott will ich schweigen, aber nähme man aller Kreatur und aller Welt das Wesen, das Gott ihnen gibt, so blieben sie das reine Nichts, erbärmlich, unwert, abstoßend. Und noch viel andern köstlichen Sinn trägt dieses Wort, wie mit Gott alles Gute komme, in sich, worüber nun zu sprechen uns zu lang würde.

Es spricht also unser Herr: »Ich bin mit dem Menschen im Leiden.« Darum spricht auch Sankt Bernhard: »Herr, bist du mit uns im Leiden, so gib mir zu leiden allezeit, auf daß du allezeit bei mir und mit mir seiest und ich allezeit dich haben möge.«

Fürs dritte sage ich: daß Gott mit uns ist im Leiden, das heißt, daß er selber mit uns leidet. Wahrlich, wer die

[1] Weish. 7, 11.

Wahrheit kennt, der weiß, daß ich wahr spreche. Gott leidet ja nach seiner Weise mit dem Menschen ungleich mehr als der, der um seinetwillen leidet. Nun sage ich: Will schon Gott selber leiden, so soll gar billig auch ich leiden, denn steht es recht um mich, so will ich, was Gott will. Ich bitte alle Tage und Gott heißt mich so bitten: Herr, dein Wille geschehe; und doch, will Gott (durch mich) leiden, da klage ich über Leiden, und das ist gar unrecht. Auch das sage ich zuversichtlich: daß Gott so gerne mit uns und durch uns leidet, als wir allein um Gottes willen leiden, was er da leidet sonder Leiden. Leiden ist ihm so wonnig, Leiden ist ihm gar nicht Leiden. Und darum, stünde es recht um uns, so wäre auch uns Leiden nicht Leiden, es wäre uns Wonne und Erquickung.

Und *zum vierten* sage ich, daß Freundes Mitleiden ganz natürlich eigenes Leiden mindert. Kann mich aber trösten eines Menschen Leiden, das er mit mir teilt, so soll mich doch viel mehr noch trösten Gottes Mitleiden.

Zum fünften spreche ich: Und wollte ich schon leiden mit einem *Menschen,* den ich liebe und der mich liebt, so muß ich gerne und gar billig leiden mit Gott, der da leidet und aus Liebe leidet, die er hat zu mir.

Und weiter sage ich *zum sechsten*: Steht es so, daß Gott mir vorleidet, eh daß ich leide, und leide ich um Gottes willen, wahrlich, so wird mir leicht zu Trost und Freude all mein Leiden, wie groß und mannigfaltig es auch sei. Es ist eine natürliche Wahrheit: wenn der Mensch ein Werk vollbringt für einen andern, so ist der *Beweggrund,* aus dem er das tut, seinem Herzen näher, aber *was* er tut, ist ferner von seinem Herzen und berührt das Herz nur in dem Warum und Wofür seines Tuns. Wer da baut und Holz und Stein behaut in der Absicht, ein Haus zu machen für die Hitze des Sommers und wider den Frost des Winters, dessen Trachten ist von Anfang an und ganz nur das Haus, und er behaute nimmer den Stein noch täte er die Arbeit, wenn nicht des Hauses wegen. – Wir wissen wohl: wenn der kranke Mensch den süßen Wein trinkt, so dünkt ihn und er sagt, daß er bitter sei; und es ist wahr, denn der Wein verliert alle Süßigkeit außen an der Bitterkeit der Zunge, bis daß der Wein dahin eingeht, wo die Seele den Geschmack erkennt und kostet. Wahrlich, so und ungleich mehr noch steht es auch, wenn der Mensch all seine Werke übt für Gott: da ist dann Gott der Beweggrund und das Nächste für die Seele, und nichts vermag die Seele und das Herz eines solchen Menschen zu berühren, was nicht seine eigene Bitterkeit verlöre und notwendig verlieren müßte durch Gott und seine Süßigkeit, und lauter Süße werden, ehe denn es des Menschen Herz je bewegen und berühren könnte.

Die Meister lehren, daß unter dem Himmel Feuer sei um und um, und darum kann kein Regen noch Wind und irgend Sturm und Ungewitter von unten dem Himmel so nahe kommen, daß es ihn auch nur berühren möge: es wird alles verbrannt und verzehrt von der Hitze des Feuers, ehe daß es an den Himmel komme. So sage auch ich: Alles, was man leidet und wirkt für Gott, das wird alles süß in Gottes Süßigkeit, bevor es zu eines Menschen Herz gelange, der für Gott allein schafft und leidet. Denn das heißt es, wenn man spricht: »für Gott«. Dieses Wort schickt alles dem Herzen zu durch Gottes Süßigkeit hindurch, wo es auch verbrannt wird von dem hitzigen Feuer der göttlichen Liebe, die des Menschen Herz allein in sich beschlossen hegt. Nun läßt sich klar erkennen, wie billig und wie mannigfach ein guter Mensch allenthalben getröstet wird im Leiden, als Leidender und Wirkender. Die eine Weise ist, daß er leidet und wirkt für Gott, die andere, daß er in göttlicher Liebe steht. Auch wird der Mensch erkennen und erfahren, ob er all sein Tun für Gott übe; denn das ist gewiß: wo ein Mensch sich leidig findet sonder Trost, da war im gleichen Maße sein Schaffen nicht für Gott allein. Sieh: Und gleich wenig steht er auch in göttlicher Liebe.

Es spricht König David[1]: »Ein Feuer geht von Gott und vor ihm her, das verbrennt alles um und um, was er sich feind findet und fremd«, das ist Leid und Trost und Bitterkeit.

Noch liegt *das siebente* beschlossen in dem Wort, daß Gott mit uns ist in Leiden und mitleidet mit uns. Und das mag uns auch kräftig trösten: Gottes Eigenschaft, daß er das lautere Eine ist ohne alle Trübung durch Vielheit und Anderheit – auch nur in seinem Denken; daß alles, was in ihm ist, ganz Er ist. Und wenn das wahr ist, so sage ich: alles, was der Mensch leidet für Gott, das leidet er in Gott, und Gott ist mitleidend im

[1] Ps. 96, 3.

Leiden, mein Leiden ist ihm Gott, mein Leiden ist Gott. Wie mag mir da Leiden noch leid sein, wenn Leiden aufhört, leidig zu sein? Mein Leid ist in Gott: Gott ist mein Leid. Wahrlich, wie es auch mit Gott der Wahrheit ist: wo ich Wahrheit finde, da finde ich meinen Gott, die Wahrheit. Und gerade so ist es auch hier: wo ich ein Leiden rein für Gott und in Gott sehe, da sehe ich Gott als mein Leiden. Wer das nicht einsieht, der klage seine Blindheit an, nicht mich noch die göttliche Wahrheit.

In Liebe und Sanftmut traget euer Leid um Gottes willen, nun es so über die Maßen heilsam und beseligend ist, wie ja auch unser Herr spricht: »Selig, die da leiden um der Gerechtigkeit willen.« Wie kann nun der gute Gott der Liebe das zulassen, daß seine Freunde, gute Menschen, unablässig in Leiden stehen? Hätte ein Mensch einen Freund, der es durch ein Leiden von kurzen Tagen zu großem Gewinn, zu Ehre und Wohlfahrt bringen und es auf lange hin erwerben könnte, und wollte er den daran hindern oder es geschehen lassen, daß er von einem andern gehindert werde, so sage man nicht, daß er sein Freund wäre und ihn lieb hätte. Und darum könnte wohl auch Gott es in keiner Weise dulden, daß seine Freunde, gute Menschen, je ohne Leiden wären, auch wenn sie selbst nicht leiden möchten und Leid am Leide haben.

Aller Segen des äußeren Leidens kommt und fließt aus dem guten Willen, wie ich zuvor geschrieben habe. Und darum: Was der gute Mensch leiden möchte, wozu er bereit und wonach er begehrt zu leiden um

Gottes willen, das alles leidet er vor Gottes Angesicht, durch Gott und in Gott. König David spricht im Psalter[1]: »Ich bin gewärtig alles Ungemachs, und mein Schmerz ist mir allezeit gegenwärtig vor dem Angesichte meines Herzens.« Sankt Hieronymus sagt, daß ein reines Gefäß, das trefflich und wohl geschaffen ist dazu, aus ihm zu machen was man will, in sich allein beschlossen hegt alles, was man aus ihm machen könnte, wenn es auch in Wirklichkeit niemals jemand daraus macht. Daher gehört auch, was ich vorher[2] schon geschrieben: daß der Stein nicht minder schwer ist, wenn er für das Auge auf der Erde ruht; seine ganze Schwere besteht völlig darin, daß er niederwärts strebt und in sich selber bereit ist zu fallen. Und gleichfalls habe ich oben schon gesagt, daß der gute Mensch jetzt schon im Himmel und auf Erden alles getan hat, was er zu tun gesonnen ist, und daß er auch darin Gott gleiche.

Nun mag man auch den Grobsinn der Leute ermessen, die es gewöhnlich wunder nimmt, wenn sie gute Menschen Schmerz und Ungemach erleiden sehen, und denen dann so allerhand Gedanken einfallen und gar der Wahn, das käme von den heimlichen Sünden solcher Menschen, und die dann mitunter auch sagen: »Ach, nun glaubte ich, daß jener Mensch gar gut wäre! Wie kommt es doch, daß er so großes Leid und Ungemach erleidet, und ich meinte, da fehle nichts!« Ja freilich, wäre das wirklich Leid und Ungemach und für

[1] Ps. 37, 18.
[2] Strauch 24, 18.

solche Menschen ein arges Unglück, was sie leiden, so wären sie nicht gut und ohne Sünde. Sind sie aber gut, so ist ihnen dieses Leiden kein Leiden noch Unglück und Ungemach: es ist ihnen großes Glück und Seligkeit. Gott spricht: »Selig sind alle, die da leiden um Gottes, der Gerechtigkeit willen.«

Und im Buch der Weisheit[1] steht, die Seelen der Gerechten seien in Gottes Hand. Aber dumme Leute meinen und wähnen, sie müßten gar schon sterben. Die andern aber sind in Frieden, in Wonne und in Seligkeit. Sankt Paulus sagt an der Stelle, wo er von den mannigfaltig großen Peinen der Heiligen spricht, daß die Welt dieser unwürdig war. Und das Wort hat für einen, der ihm gerecht werden will, dreierlei Sinn. Der eine ist der, daß diese Welt der Gegenwart vieler guter Menschen unwürdig ist. Besser ist ein zweiter Sinn, der gesagt, daß Gutsein dieser Welt unnütz und zuwider erscheint; Gott allein ist dieser Heiligen wert, darum sind sie wert bei Gott und Gottes wert. Der dritte Sinn ist der, den ich nun meine und ausspreche: daß diese Welt, das sind die Leute, die diese Weltlichkeit lieben, dessen unwert sind, daß sie Leid und Ungemach erleiden dürfen um Gottes willen. Darüber ist geschrieben[2], daß die heiligen Apostel sich freuten, würdig zu sein, daß sie um den Namen Gottes Pein und Ungemach leiden dürften.

Nun sei's genug der Rede, zumal ich in dem dritten Teil dieses Buches sprechen will von mancherlei Trost, mit

[1] Weish. 3, 1.

[2] Apostelg. 5, 41.

dem ein guter Mensch in seinem Leide sich trösten soll, und wie er sich finde auch in den Taten, nicht allein in den Worten guter und weiser Menschen.

3.

Man liest im Buche der Könige[1], daß einer dem König David fluchte und ihm große Schmähung antat. Da sagte einer von Davids Freunden, er wolle den schlechten Hund totschlagen. Da sprach der König: »Mitnichten, es soll ihm kein Leid geschehn, denn vielleicht will Gott mit dieser Schmach mein Bestes.«

Und im Buch der Patriarchen liest man, daß ein Mensch einem von den heiligen Vätern klagte, daß er in Leiden sei. Da sprach der Altvater: »Willst du, Sohn, daß ich Gott bitte, daß er dir das abnehme?« Da sprach der andere: »Nein, Vater, denn es ist mir nütze, das erkenne ich wohl, sondern bitte Gott, daß er mir seine Gnade verleihe, daß ich es willig und geduldig leide.«

Man fragte einen kranken Menschen, warum er Gott nicht bitte, auf daß er ihn gesund mache. Da sagte dieser Mensch, er wolle das nicht gerne tun, aus dreierlei Gründen. Fürs erste, da er es für gewiß halte, daß Gott in seiner Liebe sein Kranksein nimmermehr dulden könnte, wenn es nicht sein Bestes wäre. Der andere Grund sei dieser: Wenn der Mensch gut ist, so will er alles, was Gott will, aber nicht, daß Gott wolle, was der Mensch will, denn das wäre ganz verkehrt; und darum: wenn er will, daß ich krank sei – wollte er's

[1] 2. Kön. 16, 5ff.

nicht, so wäre ich's nicht –, so soll ich auch nicht gesund sein wollen. Ohne Zweifel: Könnte das geschehen, daß Gott mich gesund machte ohne seinen Willen, so wäre mir das unlieb und zuwider. Leidenwollen kommt von Liebe, es nicht wollen kommt von Unliebe. Viel lieber, besser und nützer ist es mir, daß Gott mich liebe, ob ich auch krank sei, als daß ich gesund bei Leibe wäre und Gott mich nicht liebte. Was Gott liebt, das ist etwas, und was er nicht liebt, das ist nichts.

Es heißt im Buche der Weisheit[1], und das ist die volle Wahrheit, daß alles, was Gott will, darin und dadurch, daß Er es will, gut ist. Fürwahr, um menschlich zu sprechen, wäre es mir lieber, daß mich ein reicher und gewalthabender Mensch, daß mich ein König liebte, ob er mich auch eine Weile lang ohne Gabe ließe, als wenn er mir eilig etwas zukommen ließe, aber mich doch nicht liebte: wenn er mir aus Liebe nicht sogleich gibt und ebenso mir nur darum nicht gibt, weil er mich danach reichlicher und herrlicher begaben möchte! Oder ich setze, daß jener Mensch, der mich da liebt und mir jetzt nichts gibt, noch nicht gesonnen ist, mir etwas zu geben, und hernach vielleicht sich besser bedenkt und mir gibt – da soll ich dann geduldig warten, zumal doch alle seine Gaben unverdient von seinen Gaben kommen. Und das ist auch gewiß: wessen Liebe ich nicht achte, und wessen Willen der meinige entgegensteht, wäh-

[1] Weish. 12, 18?

rend ich doch gerne seine Gabe hätte – es ist gar billig, daß ein solcher mir nichts gebe, ja mich hasse und mich im Unglück belasse.

Der dritte Grund, warum mir unlieb und zuwider wäre, Gott zu bitten, er solle mich gesund machen, das ist der: Ich darf und soll den reichen, milden Gott der Liebe nicht um so kleinen Vorteil bitten. Käme ich hundert, zweihundert Meilen her zum Papst gegangen, und träte ich dann vor ihn und spräche: »O Herr, heiliger Vater, ich bin wohl zweihundert Meilen schweren Wegs mit großen Kosten hergekommen und bitte Euch um das, was mich zu Euch daher getrieben hat, daß Ihr mir eine Bohne schenket«: fürwahr, der Papst selber und wer sonst davon vernähme, spräche ganz zu Recht, ich wäre ein großer Tor. Nun ist aber auch dies wahr, was ich sage: daß alles Gut, ja alle Kreatur gegen Gott weniger ist denn eine Bohne. Darum verschmähe ich es billig, wenn ich ein weiser und guter Mensch bin, Gott zu bitten, er solle mich gesund machen.

Bei dieser Rede sage ich noch: Es ist Zeichen eines kranken Herzens, wenn einem Menschen froh oder leid wird über zergängliche Dinge dieser Welt. Man sollte sich dessen von Herzen schämen vor Gott und seinen Engeln und vor den Menschen, daß man auf so etwas noch aus ist. Schämt man sich ja auch so sehr eines Fehlers im Antlitz, den die Leute sehen können. Aber was will ich noch länger reden? Die Bücher des Alten Bundes und des Neuen, die Schriften der Heiligen und auch die der Heiden sind voll davon, wie fromme Leute um Gottes willen und selbst aus natürlicher Tugend ihr Leben hingegeben und willig auf sich selbst verzichtet haben. Der Heide Sokrates sagt, daß Tugend unmögliche Dinge möglich und leicht und süß mache. Und auch dessen will ich nicht vergessen, daß die selige Frau, von der das Buch der Makkabäer[1] erzählt, eines Tags vor ihren Augen wunderliche Dinge sah und entsetzliche Peinen, unmenschlich zu hören, die man ihren sieben Söhnen antat, und wie sie das fröhlich mit ansah und sie anhielt und gar noch dazu ermahnte, sie sollten nicht erschrecken und willig Seele und Leib aufgeben um des gerechten Gottes willen.

Nun will ich noch zwei Worte sprechen, und dann sei es genug. Das eine ist dies: Fürwahr, ein guter göttlicher Mensch sollte sich doch gar übel und ernstlich schämen, daß ihn je noch Leid bewegen kann: wenn wir doch sehen, wie der Kaufmann oft um eines kleinen Geldgewinnes willen, ja aufs Ungewisse hin, so fern außer Landes, so beschwerliche Wege, über Berg und Tal, durch Wildnisse und Meere, durch Räuber und Mörder des Leibes und Gutes seine Fahrt nimmt und große Entbehrung an Speise, Trank und Schlaf und anderes Ungemach erleidet, und doch alles das gern vergißt um so kleinen ungewissen Nutzens willen. Ein Ritter im Streit, der wagt Gut, Leib und Seele für zergängliche und kurze Ehre, und uns dünkt es so schwer, ein Kleines zu leiden um Gott und die ewige Seligkeit.

[1] 2. Makk. 7.

Das zweite Wort, das ich meine: Mancher ungeschlachte Mensch wird sagen, daß viele Worte, die ich in diesem Buche und auch anderswo niedergeschrieben habe, nicht wahr seien. Dem antworte ich, was Sankt Augustinus spricht im ersten Buche seiner »Beicht«. Er sagt, daß Gott alles, was noch künftig ist über tausend und tausend Jahre hin, wenn die Welt so lange währen wird, jetzt schon gemacht hat, und daß er alles, was vergangen ist schon manche tausend Jahre, noch heute macht. Was kann ich dafür, wenn jemand das nicht versteht? Und er spricht anderswo, daß ein Mensch, der andere Leute blenden will, damit seine Blindheit verborgen bleibe, doch allzu schamlos sich selber liebt. Mir genügt es, daß vor mir und vor Gott wahr sei, was ich sage und schreibe. Wer einen Stab ins Wasser gestoßen sieht, den dünkt er krumm, obschon er doch ganz gerade ist. Und das kommt davon, daß das Wasser dichter ist als die Luft. Doch ist der Stab an sich gerade und nicht krumm, auch in den Augen dessen, der ihn sieht in der Lauterkeit der Luft allein.

Sankt Augustinus spricht: »Wer ohne besondere Erwägung, nicht sinnenhaft und bildhaft, innerlich erkennt, was kein äußeres Sehen in ihn getragen hat, der weiß, daß dies wahr ist. Wer aber so etwas nicht kennt, der lacht und spottet meiner, und ich habe nur Mitleid mit ihm. Aber solche Leute wollen schauen und befinden über ewige Dinge und göttliche Werke und im Lichte der Ewigkeit stehen – und ihr Herz flattert noch in Gestern und in Heute, in Zeit und in Raum.

Seneca, der heidnische Meister, spricht: Von großen und von hohen Dingen soll man mit großen und mit hohen Sinnen sprechen und mit erhabener Seele. – Auch wird man sagen, daß man solche Lehre nicht sprechen noch schreiben soll für Ungelehrte. Dazu sage ich: Darf man ungelehrte Leute nicht lehren, so wird nimmer jemand gelehrt, kann niemand lernen zu leben noch zu sterben. Ja, darum lehrt man doch die Ungelehrten, daß sie aus Ungelehrten Gelehrte werden. Käme nichts Neues, es gäbe nicht Altes. Unser Herr spricht[1]: »Die gesund sind, die bedürfen der Arznei nicht; dazu ist der Arzt, daß er die Kranken gesund mache.« Ist aber jemand da, der dieses Wort übel nimmt, was kann der Mensch dafür, der dieses Wort, das recht ist, recht redet? Sankt Johannes verkündet das heilige Evangelium allen Gläubigen und auch Ungläubigen, auf daß sie gläubig werden, und doch beginnt er das Evangelium mit dem Erhabensten, was ein Mensch von Gott hier sprechen kann, und seine Worte und auch unseres Herrn Worte sind oft falsch verstanden. Der milde Gott in seiner Liebe, der die Wahrheit selber ist, der gebe mir und allen denen, die dieses Buch lesen werden, daß wir gewahr werden Wahrheit in uns!

[1] Luk. 5, 31.

SPRÜCHE

Gottheit und Gott

Alles das, was in der Gottheit ist, das ist eins, und davon kann man nicht sprechen. Gott wirket, aber Gottheit wirket nicht, sie hat auch nichts zu wirken, in ihr ist kein Werk. Sie lugte niemals nach einem Werke aus. Gott und Gottheit sind unterschieden als Wirken und Nichtwirken.

Nun will ich etwas sagen, was ich bisher niemals gesagt habe: Gott und Gottheit sind so verschieden wie Himmel und Erde. Ich sage noch mehr: der innere und der äußere Mensch sind ebenso verschieden von einander wie Himmel und Erde. Gott steht zwar viel tausend Meilen darüber, – aber auch Gott wird und vergeht.

Alle Gebete und alle guten Werke, die der Mensch in der Zeit wirken mag, von denen wird Gottes Abgeschiedenheit so wenig bewegt, als ob überhaupt kein Gebet noch ein gutes Werk in dieser Zeit geschähe, und Gott wird keineswegs darum milder und geneigter gegen den Menschen, als wenn er das Gebet und die guten Werke niemals verrichtet hätte. Ich sage noch mehr: da der Sohn in der Gottheit Mensch werden wollte und ward und Marter litt, das ging die unbewegliche Abgeschiedenheit Gottes so wenig an, als ob er niemals Mensch geworden wäre.

Wenn man etwas hineindenkt in Gott und ihm einen Namen anklebt, das ist Gott nicht. Gott ist über Namen und über Natur. Wir lesen von einem guten Manne, der Gott in seinen Gebeten bat und ihm Namen geben wollte. Da sprach ein Bruder: »Schweig, du erniedrigst Gott.« Wir können keinen Namen finden, den wir Gott geben mögen.

Der Mensch soll sich nicht begnügen mit einem gedachten Gott; wenn der Gedanke vergeht, so vergeht auch der Gott. Vielmehr soll man haben einen wesenhaften Gott, der über allen Gedanken der Menschen ist und über aller Kreatur. Dieser Gott vergeht nicht, der Mensch kehre sich denn willentlich ab.

Wer an der bildlichen Bezeichnung haften bleibt, der versperrt sich die ewige Wahrheit... Darum soll man nicht an der bildlichen Bezeichnung haften bleiben, sondern man soll in die innere Wahrheit gehen.

»Wie soll ich Gott denn lieben?« Du sollst ihn lieben als das, was er ist: ein Nichtgott, ein Nichtgeist, eine Nichtperson, ein Nichtbild; noch mehr: als eine lautere, reine, klare Einheit, gesondert von aller Zweiheit, und in diesem Einen sollen wir ewiglich versinken vom Nichts zum Nichts.

Manche einfältigen Leute wähnen, sie müßten Gott sehen, als stünde er da und sie hier. Dem ist nicht so. Gott und ich, wir sind eins im Erkennen.

Gott ist nirgends. Von Gottes Geringstem sind alle Kreaturen voll, aber seine Größe ist nirgends ... Gott ist weder hier noch da, nicht in Zeit noch im Raum.

Sehet, dasjenige was Gott ist, das hat Wesen, und das Wesen ist in einer tiefen Stille; darum ist es unbeweglich. Es spricht nicht und liebt nicht und erzeugt nicht, und dennoch: es bewegt die beweglichen Dinge, nämlich die Kreaturen.

Sage ich auch: Gott ist ein Wesen, so ist es nicht wahr: er ist ein über allem schwebendes Wesen und ein überwesentliches Nichtsein.

Gott ist ein solches Wesen, das allerwegen in dem Innigsten wohnt.

Gott ist weder Weisheit noch Güte, vielmehr: von Gott kommt Weisheit und Güte.

Der Herr ist eine lebendige, wesenhafte, seiende Vernunft, die sich selbst begreift und ist und in sich selber lebt und mit sich gleich ist.

Gott wirket ohne Mittel und ohne Bild. Je mehr du ohne Bild bist, desto empfänglicher bist du für sein

Einwirken, und je mehr du nach innen gekehrt und selbstvergessen bist, um so näher bist du ihm.

Soll ich das wahre Wesen erkennen, so muß ich es erkennen, wo es Wesen in sich selber ist, nämlich in Gott; nicht dort, wo es geteilt ist in den Kreaturen.

Das Edelste, was Gott in allen Kreaturen wirkt, das ist Wesen. Mein Vater gibt mir wohl meine Natur, er gibt mir aber nicht mein Wesen. Das wirket Gott in Lauterkeit.

Die Meister sagen: Alle Kreaturen können wohl sagen »ich«, und dieses Wort ist allgemein; allein das Wort »sum, bin«, das kann eigentlich niemand sagen, denn Gott allein.

Was in Gott ist, das ist Gott.

Alles was man von Gott denken kann, das ist Gott nicht. Was Gott in sich selber ist, dazu kann niemand kommen, er werde denn in ein Licht entrückt, das Gott selber ist.

Ich habe manchmal gesagt: daß Gott Gott ist, dessen bin ich eine Ursache. Gott hat sich von der Seele, daß er Gottheit ist, das hat er von sich selber. Denn ehe die Kreaturen wurden, war Gott noch nicht Gott, wohl aber war er Gottheit, und das hat er nicht von der Seele.

In Gott sind aller Dinge Urbilder gleich, und doch sind sie ungleicher Dinge Urbilder. Der höchste Engel und die Seele und die Mücke haben ein gleiches Urbild in Gott. Gott ist weder Sein noch Güte. Güte haftet am Sein und ist nicht umfassender als Sein; denn gäbe es nicht Sein, so gäbe es auch nicht Güte, und Sein ist noch reiner als Güte. In Gott ist weder Güte noch Besseres noch Allerbestes. Wer da sagt, Gott wäre gut, der täte ihm so unrecht, als wenn er die Sonne schwarz nennte.

Wähne nicht, daß es mit Gott bestellt sei wie mit einem irdischen Zimmermann, der da wirket oder nicht wirket, so wie er will; es steht in seinem Belieben, wie es ihn zu tun oder zu lassen gelüstet. So ist es nicht um Gott bestellt: sondern wenn dich Gott bereit findet, so muß er wirken und sich in dich ergießen in gleicher Weise wie die Sonne, wenn die Luft lauter und rein ist, sich ergießen muß und sich dessen nicht enthalten kann. Sicherlich, es wäre ein sehr großes Gebresten an Gott, wenn er nicht große Werke in dir wirkte und großes Gut in dich eingösse, so er dich so ledig und so bloß findet.

Gott bedarf keines Bildes, noch hat er ein Bild: Gott wirkt in der Seele ohne jedes Mittel, Bild oder Gleichnis; vielmehr in dem Grunde, darein niemals ein Bild kam, außer ihm selber mit seinem eigenen Wesen.

Es gibt etwas, das über dem geschaffenen Wesen der

Seele ist, das an nichts Geschaffenes rührt und wo ein Nichts ist. Auch der Engel hat es nicht, der ein lauteres Wesen hat, das lauter und breit ist, das rührt nicht daran. Es ist eine Verwandtschaft göttlicher Art, es ist in sich selber eines, es hat mit nichts etwas gemein. Da kommen manche Pfaffen ins Hinken. Es ist eines und ist mehr unnennbar, als daß es Namen hat und ist mehr unbekannt, als es bekannt ist.

Das Allerbeste und Alleredelste, zu dem man in diesem Leben kommen kann, ist, daß man schweigen soll und Gott dafür wirken und sprechen lasse.

Wo die Kreatur endet, da beginnt Gottes Sein.

Gott und die Seele

Die Seele ist viel näher mit Gott vereint als Leib und Seele, die noch *einen* Menschen machen.

Gottes Natur, sein Wesen und seine Gottheit hängt daran, daß er in der Seele wirken muß.

Gott ist in allen Dingen wesentlich, wirklich, gewaltig. Aber er gebiert sich allein in der Seele, denn alle Kreaturen sind ein Fußstapfe Gottes, aber die Seele ist in ihrer Natur nach Gott gebildet.

Nirgends ist Gott so eigentlich Gott als in der Seele. In allen Kreaturen ist etwas von Gott, aber in der Seele ist Gott göttlich, denn sie ist seine Ruhestatt.

Gott hat der Seele Gleichheit mit ihm selber gegeben, und hätte sie diese Gleichheit nicht, so könnte sie nicht Gott sein weder aus Gnade noch oberhalb der Gnade.

Gott gebiert in der Seele seine Geburt und sein Wort, und die Seele empfängt es und bietet es weiter an die Kräfte in mannigfaltiger Weise, jetzt in einer Begehrung, nun in einer guten Meinung, nun in Liebeswerken, nun in Dankbarkeit oder wie es dich sonst berührt: es ist alles sein, und bei dir ist gar nichts.

In der lauteren Seele, da findet Gott einen Widerschein seiner selbst, da ruhet Gott in der Seele und die Seele ruhet in Gott.

Die Seele hat in der Einheit des göttlichen Wesens ihren Namen verloren. Darum heißt sie dort nicht Seele, sie heißt dort unermeßliches Wesen.

Die Seele ist gestellt an einen Ort zwischen Zeit und Ewigkeit, die sie beide anrührt. Mit den obersten Kräften berührt sie die Ewigkeit, aber mit den niedersten Kräften berührt sie die Zeit.

Ein alter Meister sagt, daß die Seele mitten zwischen Einem und Zweien gemacht ist. Das Eine ist die Ewigkeit, das sich allezeit allein hält und einfarbig ist. Die Zwei aber, das ist die Zeit, die sich wandelt und vermannigfaltigt. Er will damit sagen, daß die Seele mit den obersten Kräften die Ewigkeit berühre, das ist Gott, und mit den niedersten Kräften rührt sie an die Zeit, und davon wird sie wandelbar und neigt sich den leibhaftigen Dingen zu und wird so entedelt.

Die Meister sagen, die Seele habe zwei Antlitze: das obere Antlitz schaut alle Zeit Gott, und das untere Antlitz sieht etwas herab und unterrichtet die Sinne; das obere Antlitz, das ist das Obere der Seele, das steht in der Ewigkeit und hat nichts zu schaffen mit der Zeit und weiß nichts von der Zeit und von dem Leibe.

Unser Herr spricht zu einer jeden liebenden Seele: »Ich bin euch Mensch gewesen, seid ihr mir nicht Götter, so tut ihr mir unrecht.«

In der Nacht, wo keine Kreatur in die Seele leuchtet noch lugt, und in dem Stillschweigen, wo nichts in die Seele spricht, da wird das Wort gesprochen in unsere Vernunft. Das Wort ist ein Eigentum der Vernunft und spricht als das Wort, das ist und steht in der Vernunft.

Der himmlische Vater spricht ein Wort und spricht es ewiglich, und in dem Worte verzehrt er alle seine Macht und spricht in diesem Worte seine göttliche Natur und alle Kreatur. Das Wort liegt in der Seele verborgen, so daß man es nicht weiß und nicht hört, ihm werde denn Raum geschaffen in dem Grunde des Hörens, eher wird es nicht gehört; sondern alle Stimmen und alle Laute, die müssen fort und muß da eine lautere Stille sein, ein Stillschweigen.

Gnade wird eingegossen, Gnade wirkt nicht: ihr Werk ist ihr Werden. Sie fließt aus dem Wesen Gottes und fließt in das Wesen der Seele und nicht in die Kräfte.

Gott hat diese ganze Welt gleichsam aus einer Kohle gemacht. Das Bild, das aus Gold ist, das ist fester als jenes, das aus Kohle ist. Ebenso sind alle Dinge in der

Seele reiner und edler als jene, die in der Welt sind. Die Materie, aus der Gott alle Dinge gemacht hat, ist elender als eine Kohle im Vergleich zum Golde. Wer einen Topf machen will, der nimmt ein wenig Erde: das ist seine Materie, mit der er wirkt. Er gibt ihm aber eine Form, die in ihm selber ist und edler als die Materie. So meine ich, daß alle Dinge unermeßlich edler sind in der Vernunftwelt, welche die Seele ist, als sie in dieser Welt sind, recht wie das Bild, das in Gold gehauen und durchgearbeitet ist; so sind aller Dinge Bilder einfältig in der Seele.

Alles was geteilt ist in niedere Dinge, das wird vereint, wenn die Seele in ein Leben hinanklimmt, wo es keine Gegensätze gibt. Wenn die Seele in das Licht der Vernunft kommt, so weiß sie nichts von Gegensätzen. Was dem Lichte entfällt, verfällt in Tötlichkeit und stirbt.

Je mehr die Seele sich erhebt über die irdischen Dinge, desto kräftiger ist sie. Wer nichts als nur die Kreatur erkennen würde, auch der bedürfte es nicht, einer Predigt nachzudenken. Denn eine jegliche Kreatur ist Gottes voll und ist ein Buch.

Ich sage, daß es noch etwas über der geschaffenen Natur der Seele gibt. Aber etliche Pfaffen, die verstehen das nicht, daß etwas sei, was Gott so verwandt ist und so eins mit ihm.

Nichts hindert die Seele so sehr an der Erkenntnis Gottes als Zeit und Raum. Zeit und Raum sind Teile, und Gott ist Eines. Darum, soll die Seele Gott erkennen, so muß sie ihn erkennen oberhalb der Zeit und oberhalb des Raumes, denn Gott ist weder dies noch das, wie diese mannigfaltigen Dinge: denn Gott ist Eines.

Gott hat kein Mittel, er mag auch kein Mittel leiden. Wäre die Seele allzumal entblößt und enthüllt von allen Mitteln, so wäre ihr Gott entblößt und enthüllt, und Gott gäbe sich ihr allzumal.

Nun wisset, daß Gott die Seele also kräftig liebt, daß wer es Gott nähme, daß er die Seele nicht liebte, ihm sein Leben und sein Wesen nähme, und er würde Gott töten, wenn man so etwas sagen könnte; denn dieselbe Liebe, mit der Gott die Seele liebt, in derselben Liebe blüht der heilige Geist aus, und diese selbe Liebe ist der heilige Geist. Weil Gott die Seele also kräftig liebt, so muß die Seele ein ebenso großes Ding sein.

Gott hat das Werk, und die Seele hat das Begehren und das Vermögen, daß Gott in ihr geboren werde und sie in Gott.

Gott ist in der Seele mit seiner Natur, mit seinem Wesen und mit seiner Gottheit, aber er ist doch nicht die Seele. Das Widerspielen der Seele, das ist in Gott. Sie selber aber bleibt, was sie ist.

Die Seele kann nicht ertragen, daß etwas über ihr sei. Ich glaube, daß sie nicht einmal ertragen könnte, daß Gott über ihr sei; ist er nicht in ihr, und hat sie es nicht ebenso gut wie er selber, so kann sie nimmer ruhen.

Alles, was Gott geschaffen hat und noch schaffen könnte, gäbe Gott das alles auf einmal meiner Seele, und sich selbst nicht mit und bliebe da um eines Haares Breite entfernt, so würde es meiner Seele nicht genügen, und ich wäre nicht selig. Bin ich selig, so sind alle Dinge in mir und Gott, und wo ich bin, da ist Gott, so sehr bin ich in Gott, und wo Gott ist, da bin ich.

Nun wisset, in allen guten Menschen ist Gott allzumal, und es gibt ein Etwas in der Seele, darin lebt Gott, und ist ein Etwas in der Seele, wo die Seele in Gott lebt; und wenn sich die Seele hinaus wendet zu äußerlichen Dingen, so stirbt sie, und Gott stirbt auch in der Seele. Aber darum stirbt Gott keineswegs an sich selber und lebt weiter in sich selber. Wenn die Seele vom Leibe scheidet, so ist der Leib tot, und die Seele lebt in sich selber weiter; ebenso ist auch Gott für die Seele tot und lebt doch in sich selber weiter.

Es ist eine Kraft in der Seele, und nicht nur eine Kraft, vielmehr ein Wesen, und nicht allein Wesen, vielmehr etwas, was das Wesen löset, und das ist so lauter und so hoch und so edel in sich selber, daß keine Kreatur hineingelangen kann; nur Gott allein, der wohnt darin. Ja, bei aller Wahrheit, Gott selber kann nicht hinein gelangen, sofern er noch eine bestimmte Weise hat. Ja, Gott kann nicht hineinkommen mit irgendeiner Weise: Gott kann allein darin sein mit seiner freien göttlichen Natur.

Der Vater gebiert seinen Sohn in der Ewigkeit als ihm gleich. »Das Wort war bei Gott, und Gott war das Wort«: als dasselbe in derselben Natur. Nun aber sage ich mehr: er hat ihn geboren in meiner Seele. Nicht allein ist sie bei ihm und er bei ihr als der gleiche, sondern er ist in ihr, und der Vater gebiert seinen Sohn auf dieselbe Weise, wie er ihn in der Ewigkeit gebiert und nicht anders. Er muß es tun, es sei ihm lieb oder leid. Der Vater gebiert seinen Sohn ohne Unterlaß, und ich sage noch mehr: er gebiert mich als seinen Sohn, als denselben Sohn. Ich sage noch mehr: er gebiert mich nicht allein als seinen Sohn, sondern er gebiert mich als sich und sich als mich und mich als sein eigen Wesen und seine Natur.

Der Mensch soll also leben, daß er eins sei mit dem eingeborenen Sohn, und daß er der eingeborene Sohn sei. Zwischen dem eingeborenen Sohne und der Seele gibt es keinen Unterschied.

Alles was der Sohn hat, das hat er von seinem Vater: Wesen und Natur, damit wir derselbe eingeborene Sohn seien.

Und dies sollte der Mensch wie in einer Raserei begehren und darauf sehen, daß das Wesen so edel ist. Wir geloben in Gott zu sterben, auf daß er uns setze in ein Wesen, das besser ist als ein Leben: ein Wesen, darin unser Leben lebt, darin unser Leben ein Wesen wird. Der Mensch soll sich willentlich hingeben in den Tod und sterben, auf daß ihm ein besseres Leben werde.

Gnade kommt lediglich mit dem heiligen Geiste. Sie trägt den heiligen Geist auf ihrem Rücken. Gnade ist nicht ein bleibendes Ding, sie ist völlig in einem Werden, sie kann nur aus Gottes Herzen fließen ohne alle Vermittelung. Die Gnade tut nichts anderes als ein Wiedereinbilden und Tragen in Gott hinein. Die Gnade macht die Seele gotthaft. Gott und der Seele Grund und die Gnade, die gehören in eins.

Das Eingehen in Gott

Ich meine besonders das Wörtchen *quasi;* es bedeutet »gleichwie«, und dieses ist es, das ich in allen meinen Predigten meine.

In Gott ist keine Kreatur edler denn die andere.

Das Geringste, das man in Gott erkennt, wenn man etwa eine Blume erkennte, weil sie ein Wesen in Gott hat, das wäre edler als alle Welt. Das Geringste, das Gott ist, sofern es Wesen hat, das ist besser, als ob man einen Engel erkennte.

Wenn man eine Fliege nimmt, wie sie in Gott ist, so ist sie edler als der höchste Engel an sich selber ist. In Gott sind alle Dinge gleich und sind Gott selber.

Unser Herr spricht sehr bemerklich im Evangelium: »Selig sind die Armen im Geiste.« Arm ist der, der nichts hat, und »arm im Geiste« bedeutet dieses: wie das Auge arm und bloß ist aller Farbe und darum empfänglich für alle Farbe, also ist auch der Arme im Geiste empfänglich für alle Geister und allen Geist.

Wer kommen will in Gottes Grund, in sein Größtes, der muß kommen in seinen eigenen Grund, in sein Geringstes; denn niemand kann Gott erkennen, er müsse sich denn vorher selbst erkennen. Er soll treten in sein Niedrigstes und in Gottes Innerstes und soll treten in sein Erstes und in sein Oberstes, denn da läuft zusammen, was Gott zu leisten vermag.

Niemals kann man ein Ding recht in sich selbst erkennen, man erkenne es denn in seiner Ursache.

Wesen ist erster Name. Alles, was gebrechlich ist, das ist Abfall vom Wesen. Unser ganzes Leben sollte ein Wesen sein. Soweit unser Leben ein Wesen ist, soweit ist es in Gott.

Die Meister sagen: Wesen und Erkenntnis seien durchaus eines, denn was nicht ist, das erkennt man auch nicht; was aber am allermeisten Wesen hat, das erkennt man auch am allermeisten. Weil denn Gott ein überschwengliches Sein hat, darum macht er auch alle Erkenntnisse überschwenglich.

Die Vollkommenheit der Kräfte liegt in der obersten Kraft, die da heißet Vernunft. Diese kann nimmer ruhen. Sie will nicht Gott, wie er als der heilige Geist und wie er als der Sohn ist, und fliehet den Sohn. Sie will auch nicht Gott, wie er als Gott ist. Warum? Da hat er noch Namen; und wären tausend Götter, sie bricht immer mehr hindurch, sie will ihn dort, wo er keinen

Namen mehr hat: sie will etwas Edleres, etwas Besseres als den Gott, der Namen hat.

Gott kann unser so wenig entbehren, wie wir seiner, denn wäre es möglich, daß wir uns von Gott abkehren könnten, so könnte sich doch Gott niemals von uns abkehren.

Gott ist mir näher als ich mir selber bin.

Gott ist alle Zeit bereit, aber wir sind sehr unbereit; Gott ist uns nahe, aber wir sind ihm ferne; Gott ist drinnen, wir sind draußen; Gott ist in uns heimisch, wir sind Fremde.

Nun merket wohl, alle vernünftigen Leute: es ist mit niemandem besser gestellt, als wer da steht in der größten Abgeschiedenheit.

Wer ungetrübt und lauter sein will, der muß eines haben, das ist Abgeschiedenheit.

Du sollst wissen: Leer sein aller Kreatur, ist Gottes voll sein, und voll sein aller Kreatur, ist Gottes leer sein.

Möchte der Mensch und könnte einen Becher völlig entleeren und leer erhalten von allem, was ihn füllen mag, auch von der Luft, ohne Zweifel verleugnete und vergäße der Becher all seiner Natur, und die Leere trüge ihn hinan bis zum Himmel. Also trägt Bloß-,

Arm- und Leersein von allen Kreaturen die Seele auf zu Gott und in Gott.

Der Mensch, der sich selber und alle Dinge gelassen hat, der an keinem Dinge mehr etwas von dem Seinen sucht und alle seine Werke wirket ohne Warum und nur aus Liebe, dieser Mensch ist tot für alle Welt und lebt in Gott und Gott in ihm.

Ich sage von dem Menschen, der sich vernichtet hat in sich selbst, in Gott und allen Kreaturen: er hat die niederste Stätte eingenommen, und in diesem Menschen muß sich Gott allzumal ergießen, oder er ist nicht Gott. Ich sage es bei Gottes ewiger Wahrheit, daß sich Gott in jeglichen Menschen, der sich zu Grunde gelassen hat, allzumal ergießen muß, nach all seinem Vermögen, so ganz und gar, daß er in seinem Leben, in seinem Wesen, in seiner Natur, noch in all seiner Gottheit nichts behält; er muß es allzumal in fruchtbarer Art in denjenigen Menschen ergießen, der sich Gott überlassen und die niederste Stelle eingenommen hat.

Das ist eine sichere Wahrheit und eine dringende Wahrheit: wer seinen Willen gänzlich Gott anheim gibt, der fängt und bindet Gott, daß Gott nichts vermag, als was der Mensch will.

Das ledige Gemüt vermag alle Dinge.

Wer die Dinge läßt, weil sie ein Zufall sind, der besitzet sie, wie sie ein lauteres Wesen und ewig sind.

Solange der Mensch eine Stätte in sich behält, so behält er auch einen Unterschied. Darum bitte ich Gott, daß er mich Gottes quitt mache, denn das unseiende Sein ist über Gott und über allen Unterschied: da war ich selber, da wollte ich mich selber und erkannte mich selber, um diesen Menschen hier zu machen, und darum bin ich die Ursache meiner selbst nach meinem Wesen, das ewig ist, und nach meinem Wesen, das zeitlich ist, und darum bin ich geboren, und nach der Weise meiner Geburt, die ewig ist, vermag ich nimmermehr zu sterben. Nach der Weise meiner ewigen Geburt bin ich ewiglich gewesen und bin es jetzt und werde es ewig bleiben. Was ich als zeitliches Wesen bin, das soll sterben und zunichte werden, denn es ist an den Tag gebunden; darum muß es mit der Zeit verderben. In meiner Geburt wurden alle Dinge geboren, und ich war Ursache meiner selbst und aller Dinge und wollte ich, so wäre weder ich noch alle Dinge; wäre ich nicht, so wäre auch Gott nicht.

All unser Wesen liegt an nichts als an einem Zunichtewerden.

Solange Gnade als Gnade in uns ist, solange können wir Gott nicht sehen. »Ihr seht mich nicht, denn ich gehe zu meinem Vater.« Solange der Mensch noch ein Zunehmen hat, solange kann er Gott nicht sehen. Solange wir noch zu Gott gehen, haben wir ihn nicht.

Solange das »Mehr und Mehr« in dir ist, solange kann Gott nicht wohnen und wirken in dir. Diese Dinge müssen immer heraus, soll Gott hinein, du hättest sie denn in einer höheren und bessern Weise, so daß das Viele in dir eines geworden sei. Je mehr dann der Mannigfaltigkeit in dir ist, um so mehr Einheit ist in dir, denn das eine hat sich gewandelt in das andere. – Ich sagte einst: Einheit eint alle Mannigfaltigkeit, aber Mannigfaltigkeit eint nicht Einheit.
Eckhart sprach: Es sind Leute auf dem Erdenreich, die unsern Herrn geistlich gebären, wie ihn seine Mutter gebar. Man fragte ihn, wer die Leute wären. Da sprach er: Sie sind ledig der Dinge und schauen den Spiegel der Wahrheit und sind unwissend dazugekommen; sie sind auf dem Erdenreich, ihre Wohnung aber ist im Himmelreich, und sie sind gegründet in Ruhe: sie gehen daher wie die kleinen Kinder.

Will ich auf eine weiße Tafel schreiben, so mag es ein noch so edles Ding sein, das auf der Tafel geschrieben steht, es beirrt mich doch, weil ich nun nicht mehr darauf schreiben kann; und will ich darauf schreiben, so muß ich alles tilgen, was auf der Tafel steht, und nimmermehr dient mir die Tafel so gut zum Schreiben, als wenn gar nichts auf ihr steht. Gleicherweise, soll Gott in mein Herz schreiben auf die höchste Weise, so muß alles das aus dem Herzen hinaus, was Dies und

Jenes heißt, und dann steht das Herz abgeschieden. Da mag dann Gott auf die höchste Weise seinen obersten Willen wirken, und so ist des Herzens Abgeschiedenheit das Gegenstück von Diesem und Jenem. Nun frage ich aber: was ist des abgeschiedenen Herzens Gebet? Ich antworte darauf und spreche, daß Abgeschiedenheit und Lauterkeit überhaupt nicht bitten können, denn wer etwas erbittet, der begehrt etwas von Gott, daß es ihm zuteil werde, oder begehrt, daß Gott es ihm abnehme. Nun begehrt aber das abgeschiedene Herz nichts und hat auch nichts, dessen es gern ledig wäre. Darum steht es ledig allen Gebetes und ist sein Gebet nichts anderes als einförmig sein mit Gott.

Als ich stand in meiner ersten Ursache, da hatte ich keinen Gott und war Ursache meiner selbst; ich wollte nicht, ich begehrte nicht, denn ich war ein lediges Sein und ein Erkenner meiner selbst nach der göttlichen Wahrheit: da wollte ich mich selber und wollte kein ander Ding; was ich wollte, das war ich, und was ich war, das wollte ich, und hier stand ich Gottes und aller Dinge ledig. Aber da ich hinausging aus meinem freien Willen und mein geschaffenes Wesen empfing, da hatte ich einen Gott; denn ehe die Kreaturen waren, da war Gott nicht Gott: er war, was er war. Als die Kreaturen wurden und ihr geschaffenes Wesen anfingen, da war Gott nicht in sich selber Gott, sondern in den Kreaturen war er Gott. Nun sagen wir, daß Gott, bloß weil er Gott ist, nicht das äußerste Ziel der Schöpfung ist und eine so große Fülle, wie die geringste

Kreatur in Gott sie hat. Und geschähe es, daß eine Fliege Vernunft hätte und vernünftig zu suchen vermöchte den ewigen Abgrund des göttlichen Wesens, aus dem sie gekommen ist, so sagen wir, daß Gott mit alldem, was er als Gott ist, Erfüllung und Genügen nicht einmal der Fliege geben könnte. Darum bitten wir, daß wir Gottes ledig werden und die Wahrheit ergreifen und die Ewigkeit genießen dort, wo die obersten Engel und die Seelen einander gleich sind, dort, wo ich stand und wollte, was ich war, und war, was ich wollte.

Wessen der Mensch nicht mächtig ist, das ist nicht sein, es ist vielmehr dessen, der sein mächtig ist.

Wer hohe Dinge begehrt, der ist hoch. Wer Gott schauen will, der muß hoher Begehrung sein. Wisset, daß ernsthafte Begehrung und untertänige Demütigkeit Wunder wirken. Ich sage, daß Gott alle Dinge vermag: das aber vermag er nicht, daß er dem Menschen etwas versage, der demütig und großer Begehrung ist. Und wenn ich Gott nicht zwinge, daß er alles tut, was ich will, so gebricht es mir entweder an Demut oder an großer Begehrung. Ich spreche das bei meinem Leib und spreche es sicherlich, daß ein Mensch mit Begehrung dazu kommen könnte, daß er durch eine stählerne Mauer führe, wie wir lesen vom heiligen Petrus, da er Jesum sah, daß er vor Begierde auf dem Wasser ging.

Sei Eines, auf daß du Gott finden mögest!

Entdecken wir Gott alles, so entdeckt er uns hinwiederum alles, was er hat.

Die Natur, die von Gott ist, die sucht nicht, was auswendig ist; ja, die Natur, die in sich selber besteht, die hat mit der Farbe nichts zu tun, denn die Natur, die von Gott ist, die sucht nichts anderes denn Gottes Gleichnis.

Warum ist Gott Mensch geworden? Damit ich als Gott geboren würde gleich ihm.

Eine Schrift sagt: Niemand kennt den Vater, denn der Sohn. Und darum, wollt ihr Gott erkennen, so sollt ihr nicht allein dem Sohne gleich sein, sondern ihr sollt der Sohn selber sein. Aber einige Leute wollen Gott mit den Augen ansehen, so wie sie ein Rind ansehen, und wollen Gott lieben, wie man ein Rind liebt. Das liebst du um der Milch oder um des Käses und um des Eigennutzes willen. Also tun alle Leute, die Gott lieben um äußeren Reichtums oder inneren Trostes wegen. Und die lieben Gott nicht recht, sondern sie lieben Gott um ihres Eigennutzes willen.

Wir sollen sorgen, daß wir Gott nicht zu bitten brauchen, er möge uns seine Gnade und seine göttliche Güte geben; vielmehr sollen wir sorgen, daß wir selber nehmen, und daß wir ihn darum nicht befragen.

Das Herz wird nicht rein von dem auswendigen Gebete, sondern das Gebet wird rein von dem reinen Herzen.

Man soll Gott nicht allein anbeten im Tempel oder auf dem Berge, sondern man soll beten ohne Unterlaß an allen Orten und zu allen Zeiten.

Mit wem es recht bestellt ist, wahrlich, dem ist es an allen Orten und bei allen Leuten recht; mit wem es aber unrecht bestellt ist, dem ist es unrecht an allen Orten und bei allen Leuten. Mit wem es aber recht bestellt ist, der hat Gott in Wahrheit bei sich. Wer aber Gott in Wahrheit hat, der hat ihn an allen Orten und auf der Straße und bei allen Leuten ebenso gut wie in der Kirche oder in der Einöde oder in der Zelle: wenn anders er ihn nur recht hat und wenn er nur ihn allein hat, den Menschen vermag niemand zu hindern.

Die Leute sprechen häufig zu mir: bittet für mich. Da denke ich denn: warum geht ihr nur heraus? Warum bleibt ihr nicht bei euch selber und greift in euren eigenen Besitz? Ihr tragt doch alle Wahrheit wesenhaft in euch.

Wisse in Wahrheit: Läßt du dir mehr genügen an deiner eigenen Ehre als an der eines andern, so ist es unrecht. Wisse: Wenn du noch irgendwie das Deine suchst, so findest du Gott nimmer, wenn du Gott nicht lauter suchst. Du suchst etwas mit Gott und tust recht wie jener, der aus Gott eine Kerze machte, um etwas damit zu suchen; und wenn man das Ding findet, so wirft man die Kerze weg.

Wer Gott anruft als Gott, den erhört Gott. Wenn aber der Mensch Gott anruft und weltliches Gut dabei meint, der ruft nicht Gott an, vielmehr ruft er das an, worum er Gott bittet und macht Gott zu seinem Knechte.

Ach, wieviel sind derer, welche die Kreatur anbeten und sich damit beschweren, und das sind gar törichte Leute. Sobald du nämlich Gott anbetest um der Kreatur willen, so bittest du um deinen eigenen Schaden, denn sofern die Kreatur Kreatur ist, so trägt sie in sich Bitterkeit und Schaden und Übel und Ungemach. Und darum geschieht den Leuten gar recht, die da Ungemach und Bitterkeit haben. Warum? Sie haben ja darum gebeten.

Wenn ich mit Gott vereinigt bin, dort, wo alle Dinge sich gegenwärtig sind, die da vergangen sind und gegenwärtig und zukünftig sind, so sind sie alle gleich nahe und gleichermaßen eines, sie sind alle in Gott und sind alle in mir. Da braucht man weder an Conrad noch an Heinrich zu denken; wenn man um etwas anderes bittet als Gott allein, so kann man das nur einen Abgott heißen und eine Ungerechtigkeit. Die im Geiste bitten und in der Wahrheit, die bitten recht. Wenn ich für jemanden bitte, für Heinrich oder für Conrad, so bitte ich am allerwenigsten. Wenn ich jedoch für niemanden bitte, so bitte ich am allermeisten, und wenn ich nicht begehre und nichts erbitte, dann bitte ich am allereigentlichsten, denn in Gott ist weder Heinrich noch Conrad. Wenn man aber Gott um etwas anderes bittet als um Gott, so ist es unrecht und ist Unglaube und also eine Unvollkommenheit. Denn da wollen sie etwas neben Gott setzen, wie ich neulich schon sprach, dann wollen sie Gott zunichte machen und wollen aus dem Nichts Gott machen.

Die Ähnlichkeit des Bildes lobt seinen Meister ohne Worte. Daß man mit Worten lobe oder mit dem Munde betet, ist dagegen nur ein kleines Ding.

Ein guter Mensch, wenn man zu dem spräche: »Warum suchst du Gott?« so würde er antworten: »Darum, weil er Gott ist.« – »Warum suchst du die Wahrheit?« – »Weil sie die Wahrheit ist.« – »Warum suchst du die Gerechtigkeit?« – »Darum, weil es die Gerechtigkeit ist.« Diese Leute haben recht. Alle Dinge, die in der Zeit sind, die haben ihr Warum. Wer einen Menschen fragte: »Warum issest du?« erhielte als Antwort: »Darum, daß ich Kraft habe.« – »Warum schläfst du?« – »Aus demselben Grunde.« Und also ist es mit allen Dingen bestellt, die in der Zeit sind. Aber wenn man einen guten Menschen fragte: »Warum liebst du Gott?«, so würde er sagen: »Ich weiß es nicht. Um Gott.« – »Warum liebst du die Wahrheit?« – »Um der Wahrheit willen.« – »Warum liebst du Gerechtigkeit?« – »Um der Gerechtigkeit willen.« – »Warum liebst du die Güte?« – »Um der Güte willen.« – »Warum lebst du?« – »Meiner Treu, ich weiß es nicht! Ich lebe gerne.«

Nun merket auf, alle vernünftigen Seelen! Das schnellste Tier, das euch zur Vollkommenheit trägt, das ist Leiden, denn es genießet niemand mehr der ewigen Seligkeit, als wer mit Christo in der größten Bitterkeit steht. Es gibt nichts, was so bitter ist wie Leiden und nichts Honigsüßeres, denn gelitten zu haben. Das sicherste Fundament, auf dem diese Vollkommenheit stehen mag, das ist Demütigkeit, denn wessen Natur hier in der tiefsten Niedrigkeit kriechet, dessen Geist flieget auf in die höchste Höhe der Gottheit, denn Liebe bringet Leid, und Leid bringet Liebe.

Alles Leid kommt von Liebe und Minne; denn Minne und Liebe ist Leides Anfang und Ende.

Also spreche ich von der Liebe: Wer von ihr gefangen wird, der hat das stärkste Band und doch eine süße Bürde. Wer diese süße Bürde auf sich genommen hat, der erreicht mehr und kommt auch damit näher heran als mit aller Übung und Strenge, die alle Menschen üben können.

Es ist der Minne Natur, daß sie fließt und entspringt von Zweien als Eines, nicht als zwiefache Minne; denn Zwiefaches ist Minne nicht. Zwei als Eines gibt naturgemäß eine Minne voll Willen und Glut und Begierde.

Die Liebe betöret sich und hängt an der Güte, und in der Liebe bleibe ich an der Pforte hangen und wäre blind, wenn die Erkenntnis ferne wäre. Ein Stein hat auch Liebe, und seine Liebe suchet den Grund. Bleibe ich in der Güte hangen, im ersten Hinschmelzen, und ergreife Gott nur, wo er gut ist, so ergreife ich nur die Pforte, aber ich ergreife Gott nicht. Darum ist die Erkenntnis besser, denn sie leitet die Liebe. Aber Liebe will Begehrung und Absicht. Erkenntnis legt nicht einen einzigen Gedanken dazu, vielmehr löst sie alles ab und scheidet sich ab und läuft nackt und berühret Gott und ergreift ihn in sich selber.

Es ist der Güte Art, daß sie sich ergießen muß, wo immer sie ist.

Soviel bist du in Gott, als du in Frieden bist.

Der Mensch vermag Gott nichts Lieberes zu bieten als Ruhe. Wachen, Fasten, Beten achtet Gott nicht so wie die Ruhe. Gott bedarf nichts weiter, als daß man ihm ein ruhiges Herz gebe.

Nicht darum ist der Mensch selig, daß Gott in ihm ist und ihm nahe ist und daß er Gott hat, sondern darum, daß er Gott erkennet, wie nahe er ihm ist, und daß er um Gott weiß und ihn liebt; ein solcher muß erkennen, daß Gottes Reich nahe ist.

Wenn der freie Geist in rechter Abgeschiedenheit von allen Dingen steht, so zwingt er Gott zu seinem Wesen.

Wenn ein Mensch ein ruhiges und rastliches Leben in Gott hat, das ist gut; wenn ein Mensch ein peinvolles Leben mit Geduld erträgt, das ist besser; aber daß man eine Rast habe in einem peinvollen Leben, das ist das Allerbeste.

Wenn man sagt: Mensch, so versteht man eine Person; wenn man sagt: Menschheit, so versteht man aller Menschen Natur.

Ich sage: Menschheit und Mensch ist ungleich. Menschheit ist in sich selber so edel; das Oberste an der Menschheit hat Gleichheit mit den Engeln und Verwandtschaft mit der Gottheit. Die größte Einung, die Christus mit dem Vater besessen hat, die ist mir zu gewinnen möglich, wenn ich ablegen könnte, was da ist von diesem und jenem, und könnte mich begreifen als Menschheit... Ich sage: Menschheit ist an dem ärmsten oder verschmähtesten Menschen so vollkommen wie an dem Papst oder an dem Kaiser, denn Menschheit in sich selber ist mir lieber als der Mensch, den ich an mir trage.

Göttliche Seligkeit liegt an drei Dingen, nämlich an Erkenntnis, am Unbezwungenbleiben von allen Kreaturen und am vollkommenen Genügen, das sich selber und aller Kreatur genügt. Daran liegt auch der Seele

Vollkommenheit: an der Erkenntnis und am Begreifen dessen, daß sie Gott begriffen hat, und an der Vereinigung vollkommener Liebe.

Gute geistliche Leute hindern sich in rechter Vollkommenheit, daß sie mit ihren Geistes Gelüsten hangen bleiben am Bilde der Menschheit unseres Herrn Jesu Christi; und dann hindern sich gute Leute damit, daß sie sich zuviel auf Visionen verlassen, daß sie die Dinge bildlich sehen in ihrem Geiste, es seien Menschen oder Engel oder unseres Herrn Jesu Christi, Menschheit und der Ansprache glauben, die sie im Geiste hören, ob sie Gottes Lieblinge seien, oder über eines anderen Gebresten und Tugenden, oder ob sie hören, daß Gott durch sie etwas verrichten wolle. Da werden sie oft betrogen, denn Gott tut nichts durch eine Kreatur, sondern allein durch seine lautere Güte.

Demut des Geistes ist, daß der Mensch alles Gute, das Gott jemals in ihm tut, sich so wenig annehme und zueigne, als er es tat, da er noch nicht war.

Nun schauet Wunder, wie wundersam: außen und innen stehen, begreifen und umgriffen werden, sehen und selber das Gesehene sein, halten und gehalten werden – das ist das Ziel, wo der Geist mit Ruhe in der Einigkeit der lieben Ewigkeit verbleibt.

Wisset, all unsre Vollkommenheit und all unsre Seligkeit liegt daran, daß der Mensch durchgehe und übergehe alle Geschaffenheit und alle Zeitlichkeit und alles Wesen und gehe in den Grund, der grundlos ist.

Wenn es geschieht, daß sich in der Zeit erweist, was er in der Ewigkeit vorgeschaut hat, so wähnen die Leute, Gott habe eine neue Liebe in sich gefaßt; aber wenn er uns zürnt oder etwas Gutes tut, so werden *wir* gewandelt und *er* bleibt unwandelbar, so wie der Sonnenschein dem kranken Auge wehe tut und dem gesunden wohl, und doch bleibet der Schein unwandelbar in sich selber.

Wir begehen hier in der Zeit etwas von der ewigen Geburt, die Gott der Vater geboren hat und gebiert ohn Unterlaß in der Ewigkeit, daß diese selbe Geburt nun auch geschehen ist in der Zeit, in der menschlichen Natur. Es spricht der heilige Augustinus, daß diese Geburt immer geschehe. So sie aber nicht in mir geschieht, was hilft mir das? Aber daß sie in mir geschehe, daran ist alles gelegen.

Was an die Zeit rührt, das ist zeitlich und sterblich.

Alle Dinge sind nach ihrer Art in die Zeit ausgeflossen, aber in der Ewigkeit sind sie ohne jede Art geblieben.

Leben und Tun

Ich habe häufig gesprochen: Die Schale muß zerbrechen, damit das, was darin ist, herauskomme; denn willst du den Kern haben, so mußt du die Schale brechen.

Leben gibt das edelste Erkennen. Leben lehrt besser Lust und Licht erkennen als alles, was man in diesem Leibe unterhalb Gottes empfangen kann.

Es ist unter allen Dingen kein Ding so lieb und begehrenswert wie Leben. So böse und so beschwerlich ist kein Leben, der Mensch möchte es dennoch leben ... Warum issest du? Warum schläfst du? Um zu leben. Warum begehrst du Gut und Ehre? Das weißt du sehr wohl. Indessen: Warum lebst du? Um zu leben – und weißt doch nicht, warum du lebst. So begehrenswert ist das Leben in sich selber, daß man es um seiner selbst willen begehrt.

Nützlicher wäre ein Lebemeister denn tausend Lesemeister.

Vollkommenheit der Tugend kommt aus dem Kampfe.

Der heißt nicht tugendhaft, der tugendliche Werke wirkt, vielmehr heißt der tugendhaft, der tugendliche Werke tugendlich wirkt.

In der Schauung dienst du dir allein, aber in den tugendlichen Werken dienst du der Menge.

Du sollst wissen, daß der Anstoß zur Untugend bei einem rechten Menschen niemals ohne großen Nutz und Frommen ist.

Weil Gott doch irgendwie will, daß ich Sünde getan habe, so wollte ich nicht, daß ich sie nicht getan hätte; denn so geschieht Gottes Wille auf Erden, nämlich in der Missetat, wie im Himmel, nämlich im Rechttun. So will der Mensch Gottes um Gottes willen entbehren und von Gott um Gottes willen gesondert sein; und das allein ist rechte Reue meiner Sünde; so ist mir Sünde leid ohne Leid.

Die Neigung zur Sünde ist noch nicht Sünde; aber sündigen wollen, zürnen wollen, das ist Sünde.

Sünde getan haben, ist keine Sünde, wenn sie uns leid ist.

Die wahre Pönitenz ist ein Erheben des Gemütes über alle Dinge, völlig zu Gott hinan. Und in welchen Werken du dies allermeist haben kannst und hast, diese Werke übe du frei vor allem. Und hindert dich dabei irgendein äußerliches Werk, es sei Wachen, Fasten, Lesen und was sonst, das lasse freimütig und ohne Sorge, daß du damit irgend etwas an Pönitenz versäumen könntest.

Gott hat des Menschen Heil nicht gebunden an irgendeine sonderliche Weise. Was eine Weise hat, dies Vermögen hat Gott allen guten Weisen gegeben, und keiner guten Weise ist das versagt, denn ein Gutes ist nicht wider das andere. Und daran sollen sich die Leute merken, daß sie unrecht tun, wenn sie einen guten Menschen sehen oder von ihm sagen hören, und er folgt nicht ihrer Weise, zu wähnen: das ist alles verlorene Mühe. Weil ihnen deren Weise nicht gefällt, gleich ist auch deren gute Weise und gute Gesinnung nicht weither. Das ist nicht recht. Man soll vielmehr der Leute Weise achten – das ist eine gute Andacht! – und niemandes Weise schmähen.

Lernet in allen Dingen von Gott und folget ihm, so wird euch recht, und in solcher Gesinnung kann man wohl auch Ehre annehmen und Gemach. Fiele aber Ungemach und Unehre auf diesen Menschen, so möchte er auch diese tragen und gern tragen. Und darum mögen mit Fug und Recht diejenigen gut essen, die ebenso fähig und bereit wären zu fasten.

Kehre dich ab von allen Dingen und nimm dich nur im Wesen, denn was außerhalb des Wesens ist, das ist Zufall, und alle Zufälle verursachen ein Warum.

Alle Dinge sind dem inwendigen Menschen eine inwendige göttliche Weise.

Der Mensch soll ein gewöhnliches christliches Leben führen, und man soll nicht auf ein sonderliches Tun sehen.

Ein guter Mensch soll nimmer Schaden noch Leid beklagen; er soll lediglich darüber klagen, daß er noch der Klage und des Leides in sich gewahr wird.

Das auswendige Leiden macht den Menschen nicht geduldig, vielmehr zeigt und offenbart es nur, ob der Mensch geduldig sei.

Ein guter Mensch begehrt nicht Lob: er begehrt wohl, des Lobes wert zu sein. Einem Menschen soll nicht leid sein, daß man ihm zürne; ihm soll leid sein, daß er Zorn verdient.

Der Gerechte sucht nichts in seinen Werken, denn die etwas suchen in ihren Werken, die sind Knechte und Mietlinge; solche, die um ein Warum wirken.

Seht, daß das sind Kaufleute, die sich hüten vor groben Sünden und wären gern gute Leute und tun ihre guten Werke Gott zu Ehren, als Fasten, Wachen, Beten und was es sei, allerhand gute Werke, und tun sie doch nur darum, daß ihnen unser Herr etwas darum gebe und daß Gott ihnen etwas darum tue, was ihnen lieb wäre: das sind alles Kaufleute.

Solange der Mensch etwas sucht in allen seinen Werken oder etwas begehrt von alledem, was Gott geben kann oder noch geben will, so ist er den Kaufleuten gleich. Willst du der Kaufmannschaft zumal ledig sein, so sollst du alles tun, was du vermagst mit allen guten Werken, mußt es lauterlich tun Gott zu einem Lobe und mußt dessen also ledig stehen, wie da du noch nicht warst. Du darfst gar nichts dafür begehren. Wenn du also wirkest, so sind deine Werke geistlich und göttlich, und dann sind die Kaufleute allzumal aus dem Tempel getrieben, und Gott ist allein darin, wenn der Mensch nichts meinet als Gott.

»Gott hat seinen eingeborenen Sohn in die Welt gesandt.« Das sollt ihr nicht verstehen von der äußeren Welt, wie er mit uns aß und trank: ihr sollt es verstehen von der inneren Welt. So wahr der Vater mit seiner einfältigen Natur seinen Sohn natürlich gebiert, so wahr gebiert er ihn in des Geistes Innigstes, und dies ist die innere Welt. Hier ist Gottes Grund mein Grund und mein Grund Gottes Grund. Hier lebe ich aus meinem Eigenen, wie Gott aus seinem Eigenen lebt. Wer in diesen Grund auch nur einen Augenblick hineingelugt hat, dem Menschen sind tausend Mark geschlagenen Goldes wie ein falscher Heller. Aus diesem innersten Grunde sollst du alle deine Werke wirken ohne ein Warum. Wahrlich, ich sage: alldieweil du deine Werke wirkest um des Himmelsreiches oder um Gottes oder um deiner ewigen Seligkeit willen von außen her, so ist es wahrlich unrecht. Man mag dich ja wohl leiden, aber es ist das Beste nicht. Denn wahrlich, wenn du wähnst, in Innigkeit und Andacht, in Süßigkeit und sonderlicher Hingebung mehr von Gott zu bekommen als bei dem Herdfeuer oder im Stalle, so tust du nichts anderes, als wenn du Gott nähmest und wickeltest ihm einen Mantel um das Haupt und stecktest ihn unter eine Bank. Denn wer Gott in einer Form sucht, der nimmt die Form und läßt Gott fahren, der in einer Form verborgen ist. Wer aber Gott ohne Form sucht, der nimmt ihn, wie er in sich selber ist, und ein solcher Mensch lebt in dem Sohn und ist das Leben selber. Wer das Leben tausend Jahre lang fragte: Warum lebst du? – könnte es antworten, es spräche nichts anderes als: ich lebe, um zu leben. Das kommt daher, weil das Leben aus seinem eigenen Grunde lebt und aus seinem Eigentum quillt: darum lebt es ohne Warum, weil es in sich selber lebt. Fragte man nun einen wahrhaften Menschen, der da wirkt aus seinem eigenen Grunde: warum wirkst du deine Werke? sollte er recht antworten, so spräche er nichts anderes als: Ich wirke, um zu wirken.

Ich achte ein geistiges Werk für viel besser denn ein leibliches.

Alles Leibliche ist ein Abfallen und ein Zufall und ein Niederfall.

Will das äußere Werk das innere zerstreuen, so folge man dem inneren; könnten sie jedoch beide in einem zusammensein, das wäre das Beste, damit man ein Mitwirken mit Gott hätte.

Der Mensch hat einen freien Willen, damit er kiesen mag gut oder böse; und legt ihm Gott vor im Übeltun den Tod und im Wohltun das Leben. Der Mensch soll frei sein und ein Herr aller seiner Werke, unzerstört und unbezwungen. Gnade zerstört nicht die Natur, sie vollendet sie, denn Verklärung ist vollbrachte Gnade.

Wahrhaftig, mit dem Willen vermag ich alle Dinge. Ich kann aller Menschen Mühsal tragen und alle Armen speisen und aller Menschen Werke wirken und was du erdenken magst. Gebricht es dir nicht am Willen, sondern allein an der Kraft dazu, wahrlich, vor Gott hast du es alles getan, und niemand kann dir es nehmen, noch dich einen Augenblick beirren. Denn tun wollen, sobald ich es vermag, und getan haben, das ist vor Gott gleich.

Ort der Liebe ist allein der Wille. Wer mehr Willen hat, der hat auch der Liebe mehr.

Gott gab sich niemals noch gibt er sich jemals in einen fremden Willen. Er gibt sich lediglich in seinen eigenen Willen.

Nichts auf der Welt macht uns zu wahren Menschen als Aufgeben des Eigenwillens.

Eine Arbeit übt man von außen, aber ein Streben ist da, wo man mit redlicher Bescheidenheit sich von innen her übt; und diese Leute stehen zwar bei den Dingen und doch nicht in den Dingen. Sie stehen sehr nahe und verhalten sich doch nicht anders, als stünden sie dort oben ganz nahe an dem Umkreis der Ewigkeit. Denn alle Kreatur vermittelt nur.

Wie wohl das innere Leben an sich selbst das beste ist, so ist doch manchmal das äußere besser, wenn leibliche Hilfe nötig ist, wie es besser ist, dem Hungrigen zu essen zu geben, als sich derweilen zu üben an innerlicher Schau.

Wenn der Mensch sich zu wahrer Innerlichkeit hinfindet, so lasse er kühnlich ab von aller Äußerlichkeit und wären es selbst solche Übungen, zu denen du dich mit Gelübden gebunden hättest, die dir weder Papst noch Bischof abnehmen könnten.

Meister Eckhart sprach, kein Mensch könne in diesem Leben dazu kommen, daß er sich nicht zu üben brauche in äußerlichen Werken. Denn wenn der Mensch sich im schauenden Leben übt, so kann der Mensch sich vor rechter Fülle nicht enthalten, er muß ausgießen und muß sich üben im wirkenden Leben. Recht wie ein Mensch, der gar nichts hat, der kann gar wohl freigebig sein, denn er gibt mit dem Willen; indessen, wenn ein Mensch großen Reichtum hat und gar nichts gibt, den kann man nicht freigebig heißen. Und also

kann kein Mensch Tugend haben, wenn er sich nicht übt in der Tugend, wenn Zeit und Gelegenheit es Und darum: Die sich im schauenden Leben üben, aber nicht in äußeren Werken, und sich allzumal ausschließen vom äußeren Werk, die sind alle betrogen und mit denen steht es nicht richtig. Da sage ich, daß der Mensch, der im schauenden Leben ist, sich freimachen kann und soll von allen äußeren Werken, solange er in der Schauung ist; danach jedoch soll er sich üben in äußeren Werken, weil niemand alle Zeit und immerwährend sich üben kann im schauenden Leben, und so wird das wirkende Leben ein Halt des schauenden Lebens.
re ein Mensch in einer solchen Verzückung, wie der heilige Paulus war und wüßte einen siechen Menschen, der eines Süppleins von ihm bedürfe, ich achte es weit besser, du ließest aus Liebe von der Verzükkung und dientest dem Bedürftigen in größerer Liebe.

Nun wollen etliche Leute dazu gelangen, daß sie der Werke ledig seien. Ich sage: Das kann nicht sein. Nach der Zeit, da die Jünger den heiligen Geist empfingen, da erst fingen sie an, Treffliches zu wirken ... Erst wenn die Heiligen zu Heiligen werden, da erst fangen sie an Treffliches zu wirken, denn dann sammeln sie den Hort ewiger Seligkeit.

Was der Mensch mit großer Arbeit erstreiten muß, das wird ihm eine Herzensfreude, und dann wird es auch fruchtbar.

Da der Mensch in diesem Leben nicht ohne Tätigkeit sein kann, die menschlicher Teil ist und vieler Art, darum lerne der Mensch, seinen Gott in allen Dingen zu haben und ungehindert zu bleiben in allen Werken und Orten.

Der Mensch soll bei allen seinen Werken und bei allen Dingen seine Vernunft deutlich gebrauchen und in allen Dingen eine vernünftige Einsicht haben seiner selbst und seiner Innerlichkeit und in allen Dingen Gott in der höchsten Weise ergreifen, die nur möglich ist.

Ein Werk als ein Werk ist gar nichts in sich selber und ist auch um seiner selbst willen nichts. Es geschieht auch von sich selber nicht. Es geschieht auch um seiner selbst willen nicht. Es weiß auch um sich selber nicht. Und darum ist es weder gut noch heilig noch selig noch unselig; vielmehr, der Geist, aus dem heraus das Werk geschieht, der entledigt sich des Bildes, und das kommt nicht wieder hinein. Denn sobald das Werk war, so ist es alsobald zunichte geworden, und auch die Zeit, in der es geschah, und ist weder hier noch dort, denn der Geist hat nun mit dem Werk nichts mehr zu tun. Soll er irgendwie weiterwirken, so muß es mit anderen Werken geschehen, und auch in einer anderen Zeit... Ein Werk ist weder gut noch heilig noch selig, sondern der Mensch ist selig, in dem die Frucht des Werkes bleibt, nicht als Zeit noch als Werk, sondern als eine gute Tat, die da ewig ist mit dem

Geiste, so wie der Geist auch ewig ist in sich selber und selber der Geist ist.

Unsere Seligkeit liegt nicht an unseren Werken, vielmehr daran, daß wir Gott erleiden.

Wer da wirkt in dem Lichte, der geht auf in Gott, frei und aller Vermittelung ledig: sein Licht ist sein Wirken und sein Wirken ist sein Licht.

Die ein gutes Leben beginnen wollen, die sollen tun wie einer, der einen Kreis zieht: hat er den ersten Punkt gesetzt und besteht der zurecht, so wird die Linie gut. Das bedeutet: Der Mensch lerne zunächst, daß sein Herz stät bleibe bei Gott und bei der Tugend und bei den tugendlichen Werken. Denn tut ein Mensch auch große Werke und ist sein Herz unstät, es hülfe ihm wenig oder nichts.

Was dein Ziel ist in dem Werke, das ist auch das Werk.

Also soll es mit einem guten Menschen stehen: Mein Werk ist nicht mein Werk, mein Leben ist nicht mein Leben.

Ich habe es oft gesagt: Die viel fasten und viel wachen und große Werke tun, aber ihre Gebresten und ihre Sitte nicht bessern, woran die wahre Zunahme liegt, die trügen sich selber und sind des Teufels Spott.

Nun fliehen manche gutscheinenden Leute in Klöster und Klausen, auf daß sie ledig werden der Anfechtung leiblicher Dinge. Es ist gut, wenn sie Gott darin wirklich meinen, aber es ist zu fürchten, etliche meinen sich selber mehr dabei als Gott.

Der gerechte Mensch dient weder Gott noch den Kreaturen, denn er ist frei.

Bist du gerecht, so sind auch deine Werke gerecht. Nicht gedenke Heiligkeit zu setzen auf ein Tun: man soll Heiligkeit setzen auf ein Sein. Denn die Werke heiligen uns nicht, sondern wir sollen die Werke heiligen.

In dem Gerechten soll kein Ding wirken denn Gott allein; denn sofern dich ein Werk auswendig anrührt, um zu wirken, wahrlich, diese Werke sind tot, denn sollen deine Werke leben, so muß dich Gott inwendig anrühren im Innigsten der Seele, und da ist dein Leben, und da lebst du allein.

Die Frucht der Werke bleibt im Geiste, und wenn auch Werk und Zeit nicht ewig sind, so lebt doch der Geist, aus dem heraus sie geschahen, und ebenso die Frucht der Werke, abgesondert von Werk und Zeit, voll Gnaden, wie auch der Geist voller Gnaden ist.

Nur das Werk geht hin mit der Zeit und wird zunichte, aber der Erfolg ist kein anderer, als daß der Geist geadelt wird von dem Tun, das da geschehen ist in den Werken. Das ist die Kraft des Werkes, aus dem das Werk geschah. Die bleibt in dem Geiste und kam noch nie wieder heraus und kann so wenig vergehen als der Geist in sich selber.

Willst du leben und willst du, daß deine Werke leben, so mußt du allen Dingen tot und zunichte geworden sein. Es ist den Kreaturen eigen, daß sie aus etwas etwas anderes machen: aber Gott ist es eigen, daß er aus nichts etwas mache, und darum, soll Gott etwas in dir oder mit dir machen, so mußt du zuvor zunichte geworden sein; und darum gehe in deinen eigenen Grund und wirke da, und die Werke, die du dort wirkest, die sind alle lebendig.

Die durch die Bulle Johannes XXII. verurteilten Sätze Eckharts (27. März 1329)

(Die Sätze 1–15 und die beiden letzten sind als häretisch, 16–26 als übelklingend, verwegen und der Häresie verdächtig bezeichnet. Die Sätze sind verurteilt nach ihrem Wortlaut, wie sie da stehen, nicht nach dem Sinne, den sie im Zusammenhange haben können.)

1. Einst befragt, weshalb Gott die Welt nicht früher erschaffen habe, antwortete er damals wie auch jetzt noch, daß Gott die Welt nicht »zuerst« erschaffen konnte, weil etwas nicht eher wirken kann, als es ist. Daher: Im Augenblicke, wo Gott war, hat er auch die Welt erschaffen.

2. Ebenso: Man kann zugeben, daß die Welt von Ewigkeit her gewesen ist.

3. Ebenso: Zugleich und einmal, wie Gott war, wie er den ihm gleich ewigen Sohn als in Allem ihm gleichen Gott zeugte, hat er auch die Welt erschaffen.

4. Ebenso: In jedem Werke, auch wenn es übel ist, sei es als Strafe oder als Schuld, offenbart sich und leuchtet gleicherweise wider Gottes Ehre.

5. Ebenso: Wenn jemand einen anderen schmäht, so lobt er Gott gerade durch die Schmähung, durch die

Sünde der Schmähung; und je mehr er schmäht und je schwerer er sündigt, desto mehr lobt er auch Gott.

6. Ebenso: Wenn jemand Gott selbst lästert, so lobt er Gott.

7. Ebenso: Wer um dies oder das bittet, der bittet um ein Übel und auf üble Weise, weil er die Verneinung des Guten und die Verneinung Gottes selbst erbittet, und er betet darum, daß Gott ihm verneint werde.

8. Die es nicht abgesehen haben auf Dinge, weder Ehren noch Nutzen, weder innere Andacht noch Heiligkeit, weder Lohn noch Himmelreich, sondern auf all das verzichtet haben, auch wenn es ihnen zusteht, in solchen Menschen wird Gott geehrt.

9. Ich überlegte neulich, ob ich etwas von Gott empfangen oder wünschen sollte. Das will ich mir doch ganz reiflich überlegen. Denn wo ich von Gott empfangend wäre, da wäre ich ihm untertänig oder untergeordnet, wie ein Diener oder Knecht, er selbst aber wie ein Herr im Geben. So sollen wir im ewigen Leben nicht sein.

10. Wir werden vollständig in Gott transformiert und verwandelt in ihn. Auf ähnliche Weise, wie im Sakramente das Brot in den Leib Christi verwandelt wird, so werde ich in ihn verwandelt, daß er mich als sein eigeneiniges Wesen wirkt, nicht als ein ähnliches. Beim lebendigen Gott! Es ist wahr, daß dort kein Unterschied ist.

11. Alles, was Gott Vater seinem eingeborenen Sohn in der menschlichen Natur gegeben hat, das hat er auch mir ganz gegeben. Hier nehme ich nichts aus,

weder die Vereinigung noch die Heiligkeit, sondern das Ganze hat er mir gegeben wie ihm.

12. Alles, was die Heilige Schrift von Christus sagt, bewahrheitet sich auch an jedem guten und göttlichen Menschen.

13. Alles, was der göttlichen Natur eigen ist, das ist ganz auch dem gerechten und göttlichen Menschen eigen; deshalb wirkt dieser Mensch alles, das Gott wirkt; und er hat zusammen mit Gott den Himmel und die Erde erschaffen und er ist Erzeuger des ewigen Wortes, und Gott wüßte ohne einen solchen Menschen nichts zu tun.

14. Ein guter Mensch muß seinen Willen so dem göttlichen Willen gleichförmig machen, daß er selbst alles will, was Gott will. Weil Gott in gewisser Weise will, daß ich gesündigt habe, so würde ich nicht wünschen, die Sünde nicht begangen zu haben, und das ist wahre (Bußgesinnung) Reue.

15. Wenn ein Mensch tausend Todsünden begangen hätte und wäre in rechter Verfassung, so dürfte ein solcher Mensch nicht wollen, sie nicht begangen zu haben.

16. Gott schreibt nicht eigentlich das äußere Werk vor.

17. Das äußere Werk ist nicht eigentlich gut oder göttlich, auch wirkt Gott es nicht eigentlich oder gebiert es.

18. Laßt uns Frucht bringen nicht an äußeren Werken, die uns nicht gut machen, sondern an inneren, die der in uns wohnende Vater tut und wirkt.

19. Gott liebt die Seelen, nicht das äußere Werk.

20. Der gute Mensch ist der eingeborene Sohn Gottes.

21. Der »edle« Mensch ist jener eingeborene Sohn Gottes, den der Vater ewig gezeugt hat.
22. Der Vater gebiert mich als seinen Sohn und denselben Sohn. Alles, was Gott wirkt, das ist eins; deshalb gebiert er selbst mich als seinen Sohn ohne jeden Unterschied.
23. Gott ist Einer in jeder Weise und in jeder Hinsicht, so daß in ihm keine Vielheit zu finden ist, weder im Erkennen noch außerhalb des Erkennens; denn wer Zweiheit oder eine Unterscheidung sieht, sieht Gott nicht. Gott ist nämlich Einer außer und über Zahl und wird nicht zusammen mit einem anderen zu Einem (läßt sich nicht mit etwas anderem zusammenzählen). Es folgt: Also kann keine Unterscheidung sein oder gedacht werden in Gott selbst.
24. Jede Unterscheidung ist Gott fremd, sowohl in der Natur wie in den Personen. Beweis: Die Natur selbst ist eine und dies Eine, und jede Person ist eine und gerade dies Eine, was die Natur ist.
25. Wenn es heißt: »Simon, liebst du mich mehr als diese?«, so ist der Sinn dieser: »Mehr als (du) diese (liebst)«; das ist gut, aber nicht vollkommen. Denn in einem »Ersten und Zweiten« und im »Mehr und Weniger« ist Abstufung und Rangordnung enthalten; in dem Einen gibt es weder Stufe noch Ordnung. Wer also Gott mehr liebt als den Nächsten, handelt zwar gut, aber noch nicht vollkommen.
26. Alle Kreaturen sind ein reines Nichts. Ich sage nicht, daß sie etwas Geringes oder irgend etwas sind, sondern daß sie ein einziges reines Nichts sind.

Außerdem wurde dem genannten Eckhart vorgeworfen, noch andere Sätze mit den folgenden Worten gepredigt zu haben:

1. Ein Etwas ist in der Seele, was ungeschaffen und unerschaffen ist; wenn die ganze Seele derart wäre, so wäre sie unerschaffen und unerschaffbar – und dies ist der Intellekt. (Diesen Satz gesagt zu haben, bestreitet Eckhart in seiner Rechtfertigungsschrift von 1326.)

2. Gott ist weder gut noch besser, noch der Beste; wollte ich Gott gut nennen, spräche ich gerade so verkehrt, wie wenn ich weiß schwarz nennte.

Biographie

Johann Eckhart wird um das Jahr 1260 in Hochheim zu Gotha geboren. Er stammt aus dem Geschlecht der Ritter von Hochheim zu Gotha.
Eintritt in den Dominikanerorden im jugendlichen Alter, geregelter Studiengang.
Kurz vor 1300 Prior des Klosters in Erfurt und Vikar von Thüringen.
1302 wird er Magister (»Meister«).
1303–1311 ist er Ordensprovinzial in Sachsen, ab 1307 übernimmt er die Reformierung der Klöster der böhmischen Provinz.
Seit 1311 ist er als Professor in Paris tätig, seit 1313 auch in Straßburg und Köln, von wo aus er die Klöster der Dominikanerinnen seelsorglich betreut.
Seit 1320 Lesemeister in Köln.
1326 findet auf Betreiben des Franziskanerordens wie eigener Mitbrüder ein kanonischer Prozeß wegen Irrlehren gegen ihn statt.
1327 stirbt Meister Eckhart in Köln.
1329 verurteilt Papst Johannes XXII. in einer Bulle 28 Thesen Meister Eckharts.

Bibliographische Notiz

Die in den Kapiteln »Predigten« und »Traktate« aufgeführten Texte sind dem Werk »Deutsche Mystiker, Band III: Meister Eckhart«, ausgewählt und übersetzt von Dr. Joseph Bernhart, Kempten und München 1914, entnommen.

Die »Sprüche« entstammen dem Buch »Wesen und Werk, Sprüche des Meisters Eckhart«, übertragen von Ernst Ludwig. Schellenberg, Erfurt 1935.

»Die durch die Bulle Johannes XXII. verurteilten Sätze Eckharts (27. März 1329)« finden sich in: »Meister Eckhart, Deutsche Predigten und Schriften«, Wien/Zürich 1936, aus dem Mittelhochdeutschen übersetzt von G. Durstewitz.